JN079264

# ぽんのみち公式ヒロインブック

**Pon no Michi**
**OFFICIAL HERONE BOOK**

ティザービジュアル

キービジュアル
第1弾

キービジュアル
第2弾

本書カバーイラスト

セガ ラッキーくじオンライン

JIPPENSHA NASHIKO

# 十返舎なしこ

CV 前田佳織里

**誕生日** 9月12日

**身長** 160cm

**ハンドルネーム** なしこ

広島弁を話す、尾道の女子高生。父親が昔経営していた雀荘「ぽんぽん」をたまり場にしたことをきっかけに、それまで知らなかった麻雀にはまる。ノリが良く行動力にあふれるが、勢いに任せて突っ走りがち。要領がよく、大概のことは無難にこなせる。麻雀でイカサマを試みたがるなど、いたずら好きな面も。刺身が好物で、自分で魚をさばける。

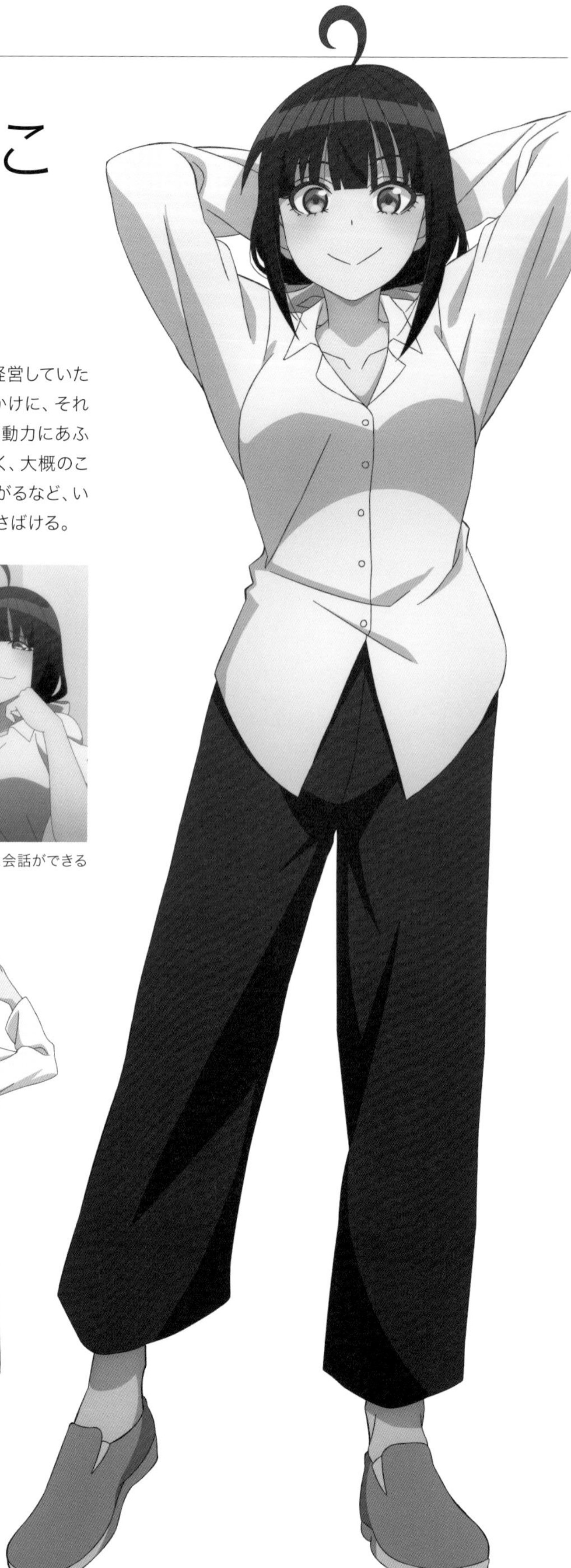

麻雀の精霊チョンボと最初に出会った人物であり、チョンボと会話ができる唯一の存在。ただ、チョンボに対する対応は少し荒っぽい。

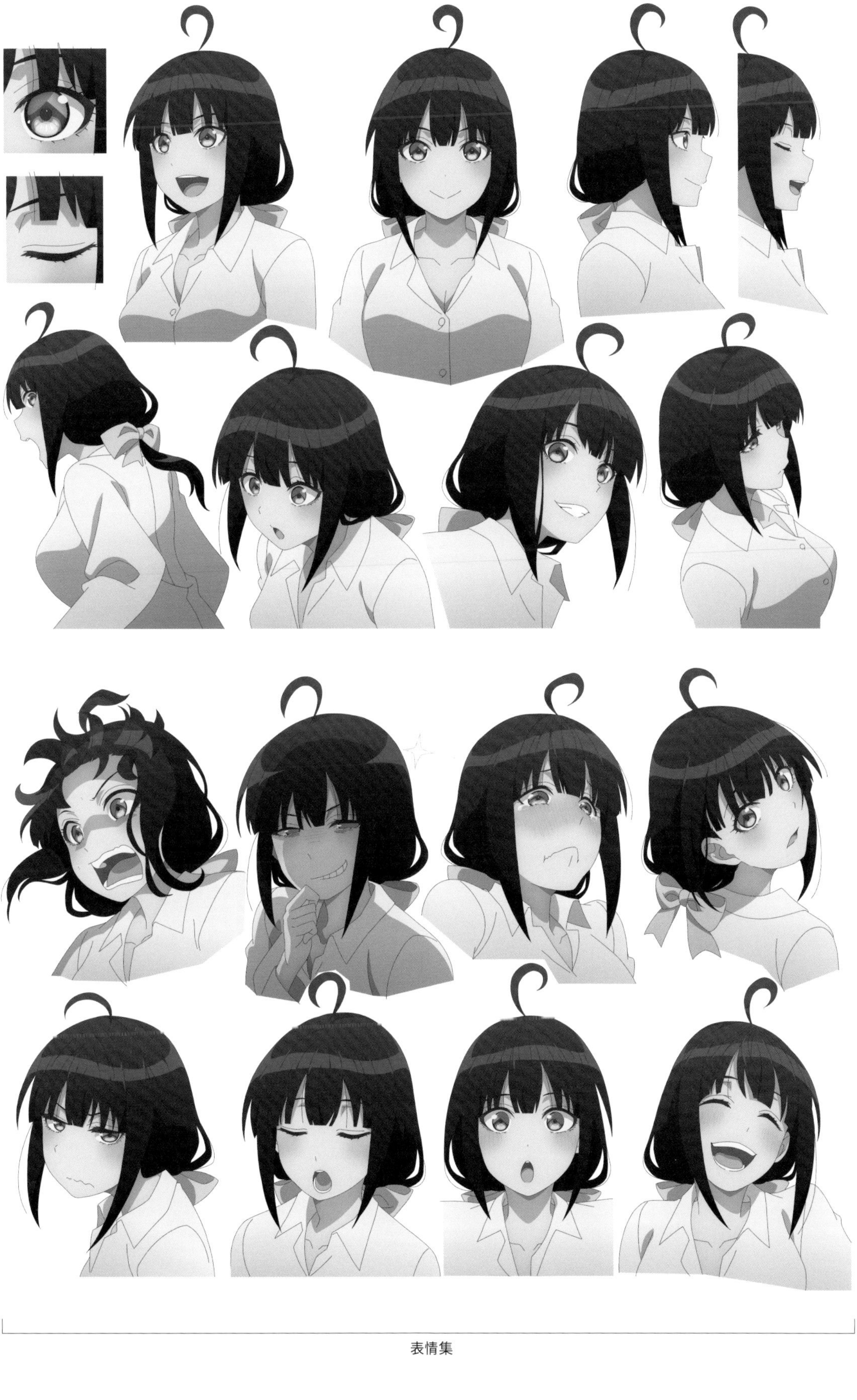

表情集

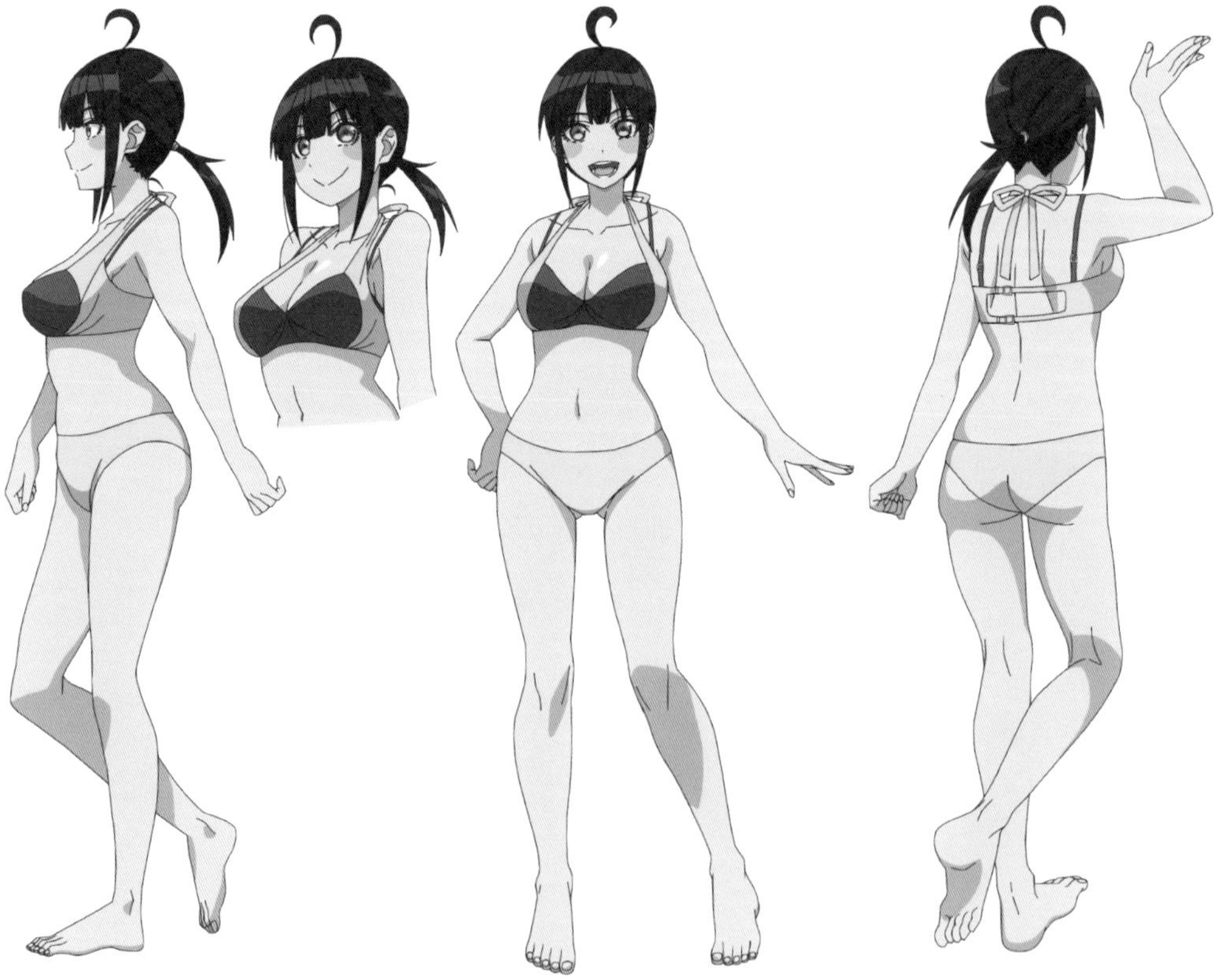

水着

学生服

バーベキュー服

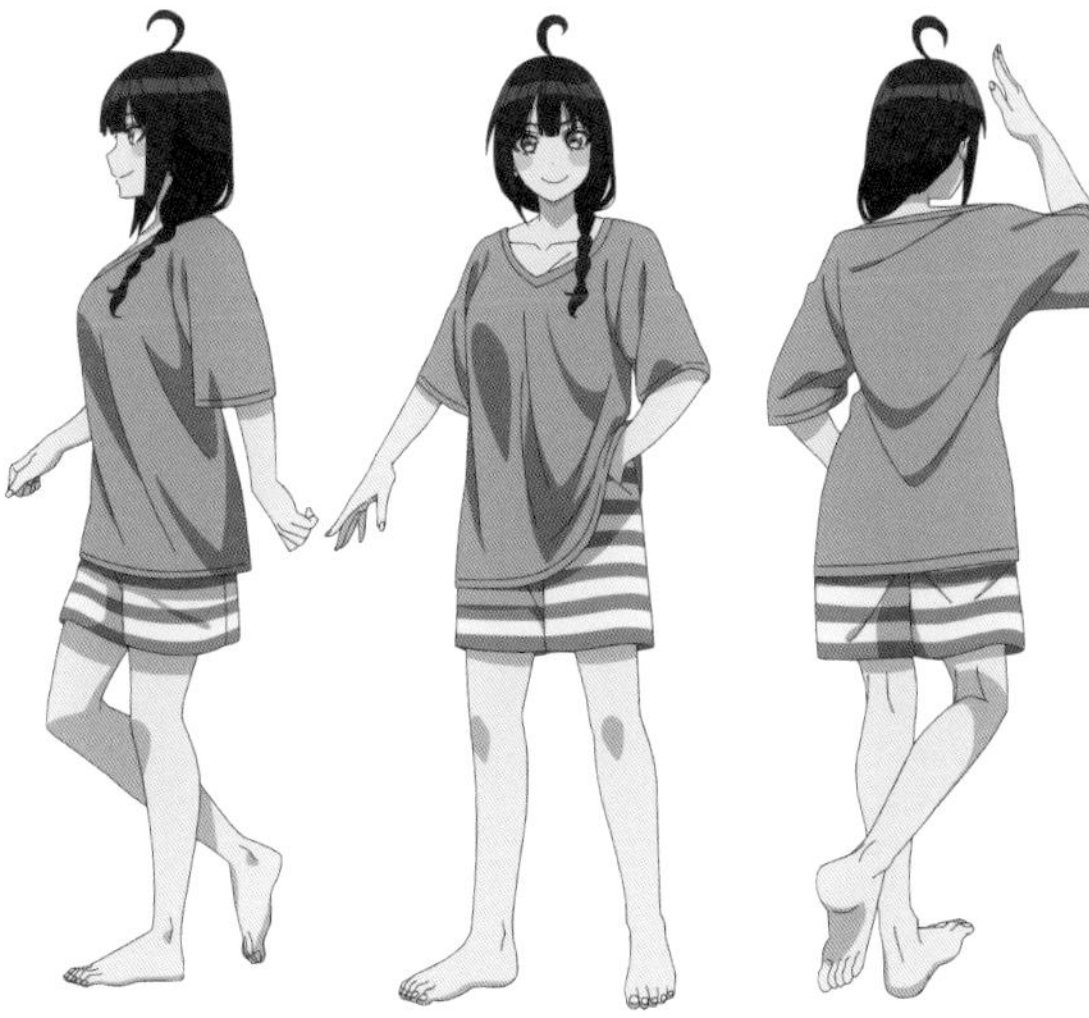

パジャマ

浴衣

合宿服

学生服（ブレザー・マフラーあり）

学生服（ブレザーあり）

秋服2

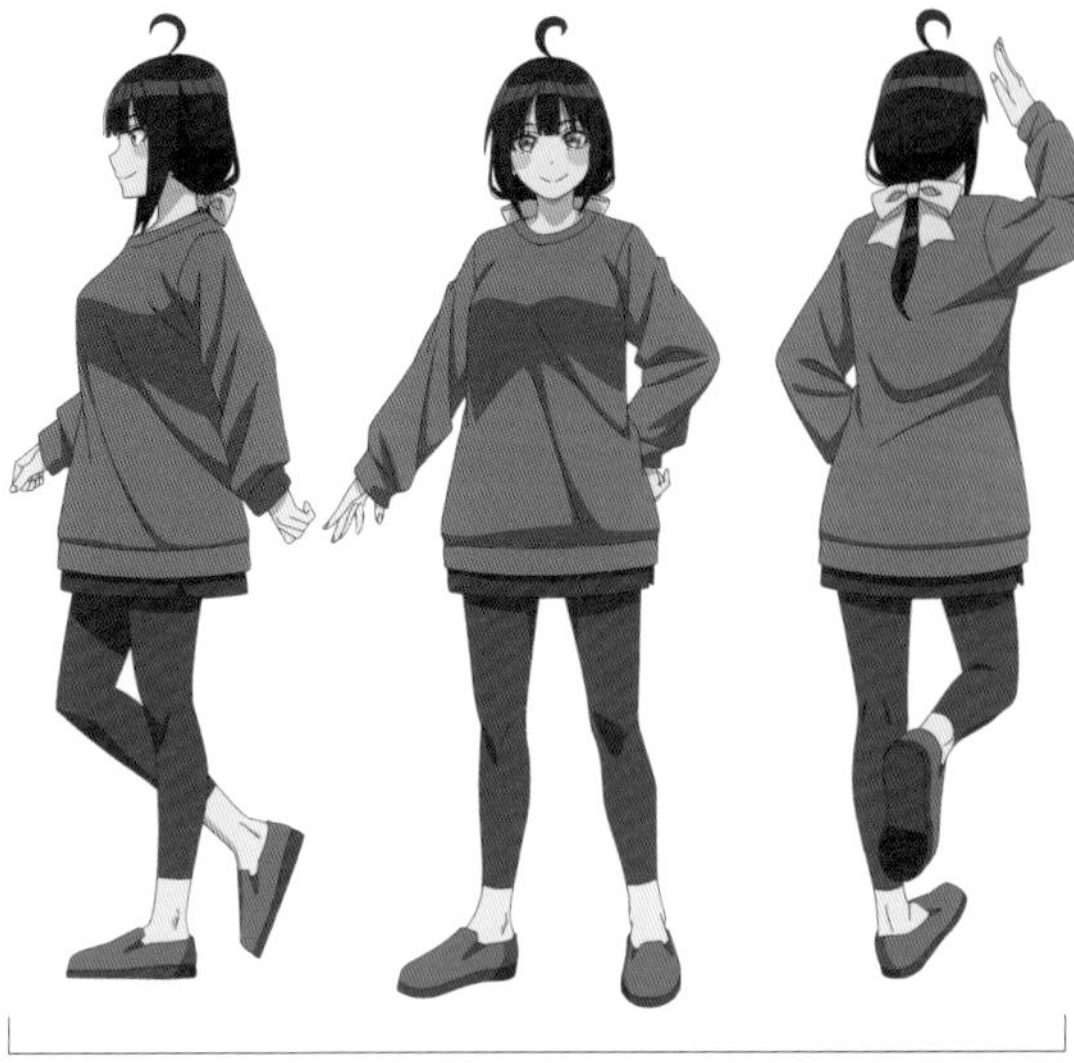

秋服1

冬服1（上着なし）

冬服1

冬服2

冬服1（エプロン）

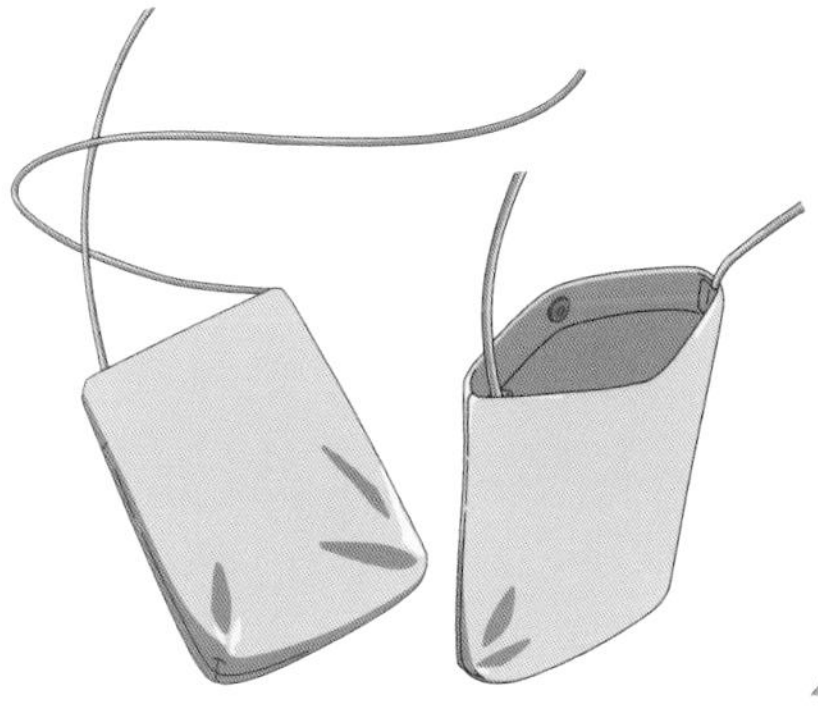

シヨルダーバッグ

クリスマス用かぶりもの

合宿リュック

デフォルメキャラクター

KAWAHIGASHI PAI

# 河東ぱい

CV 佐伯伊織

**誕生日** 8月1日

**身長** 158cm

**ハンドルネーム** 超びっくりアップルパイ！

なしこの幼なじみ。同じ高校に通っており、よく一緒に遊ぶ。やわらかな口調でしゃべる癒やし系で、皆のことを「なっちゃん」「いずみん」「りーちゃん」「はねっち」と可愛いあだ名で呼ぶ。おっとりした性格ながら、アウトドア系に精通していてサバイバル知識があるなど、アクティブな一面もある。麻雀は、ひと通りのルールを理解している。

料理でニンジンをウサギ型に切るなど、可愛いものが好き。また、感受性が強く、愛用の雀卓が壊れたときは、別の雀卓への変更を泣いて拒んだ。

表情集

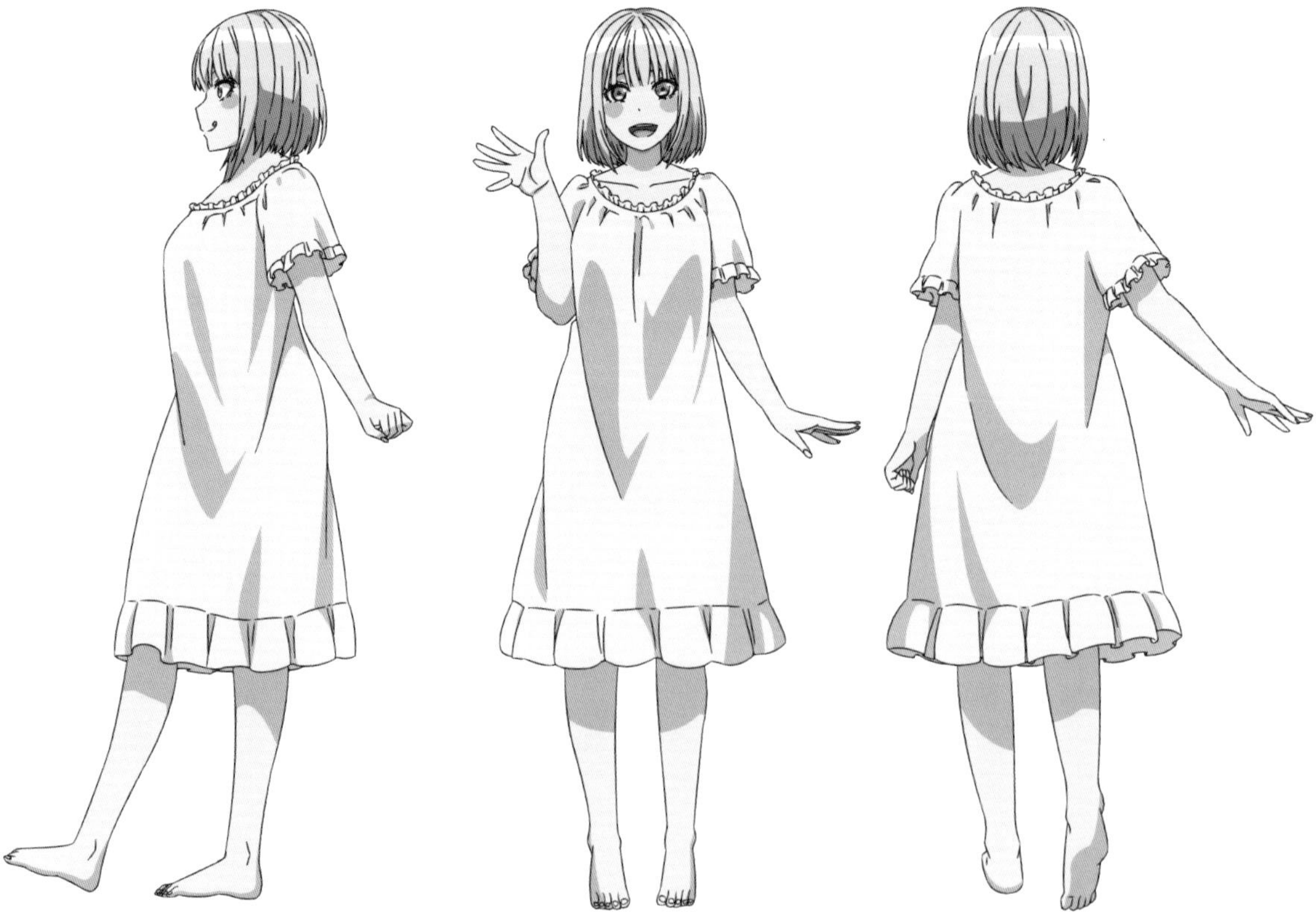

パジャマ

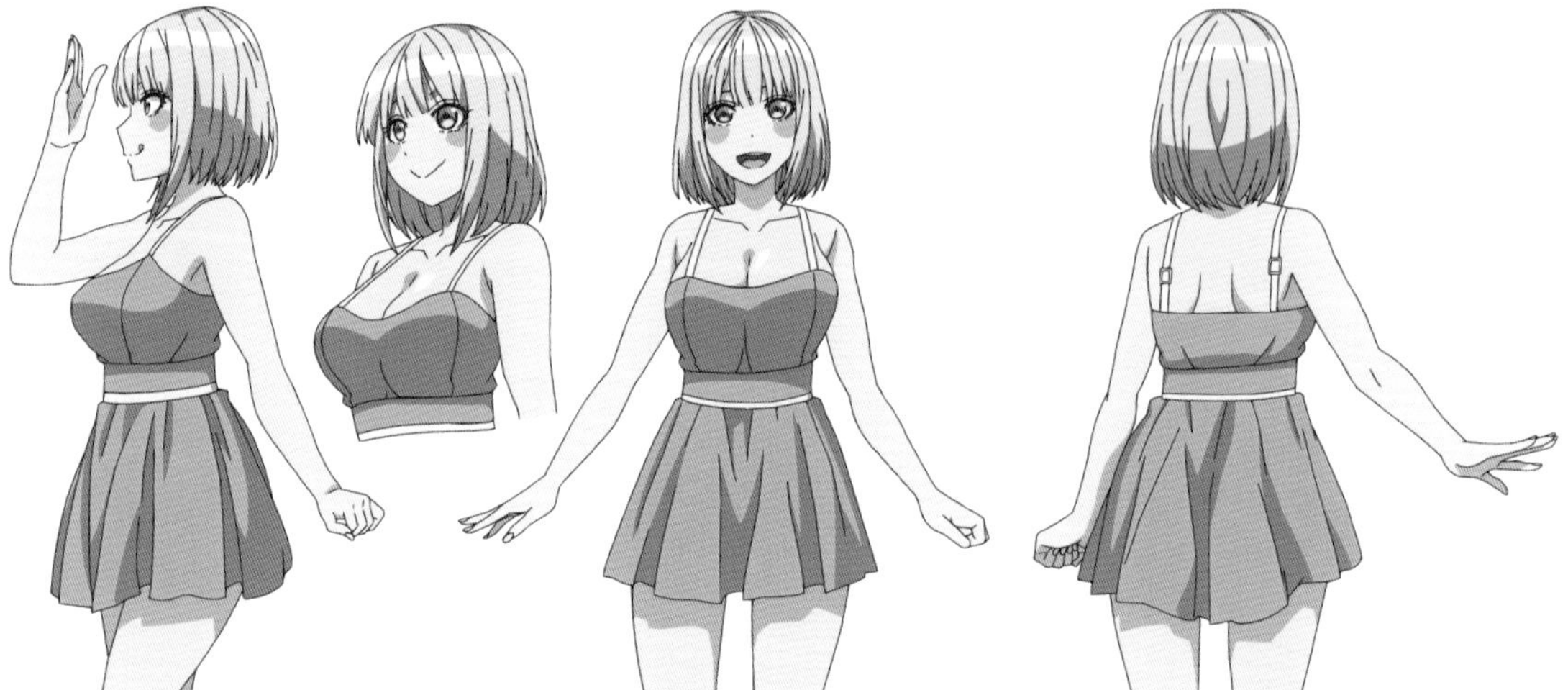

水着

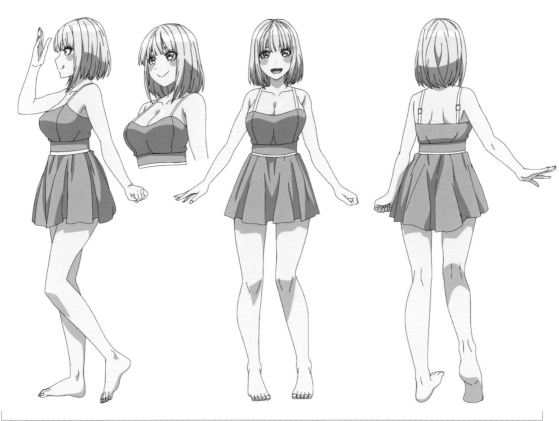

合宿服

バーベキュー服

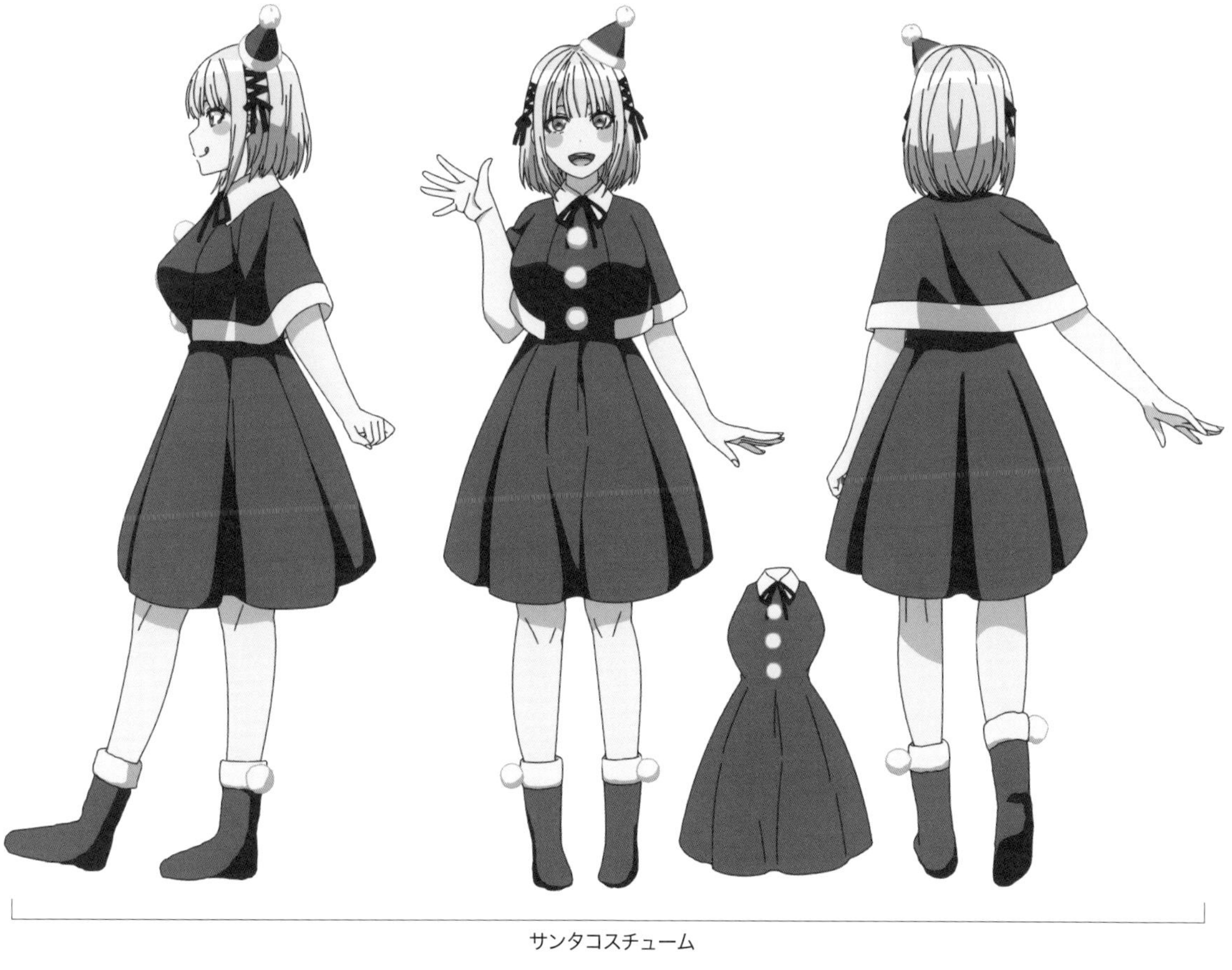

サンタコスチューム

秋服2

秋服1

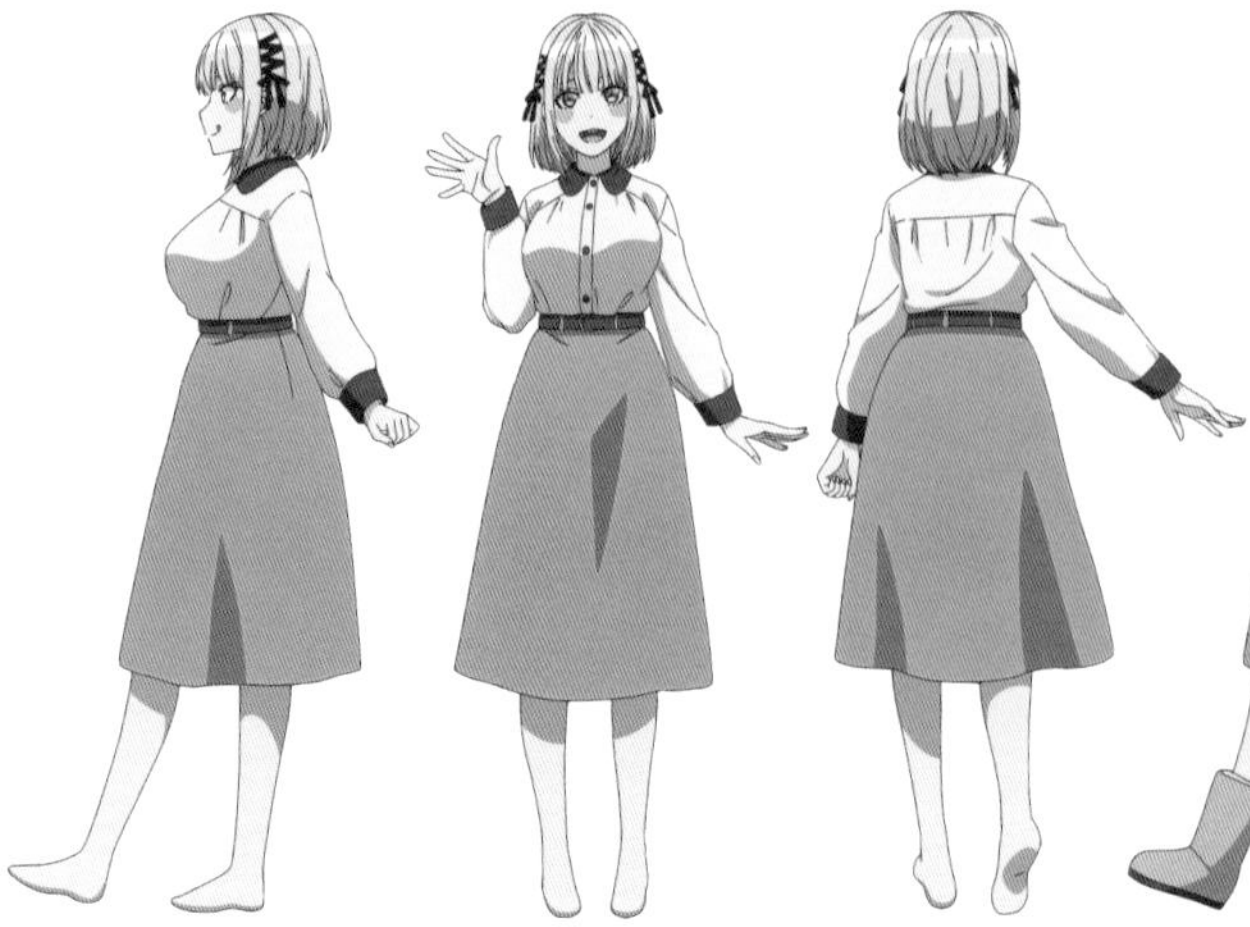

冬服1（上着なし）

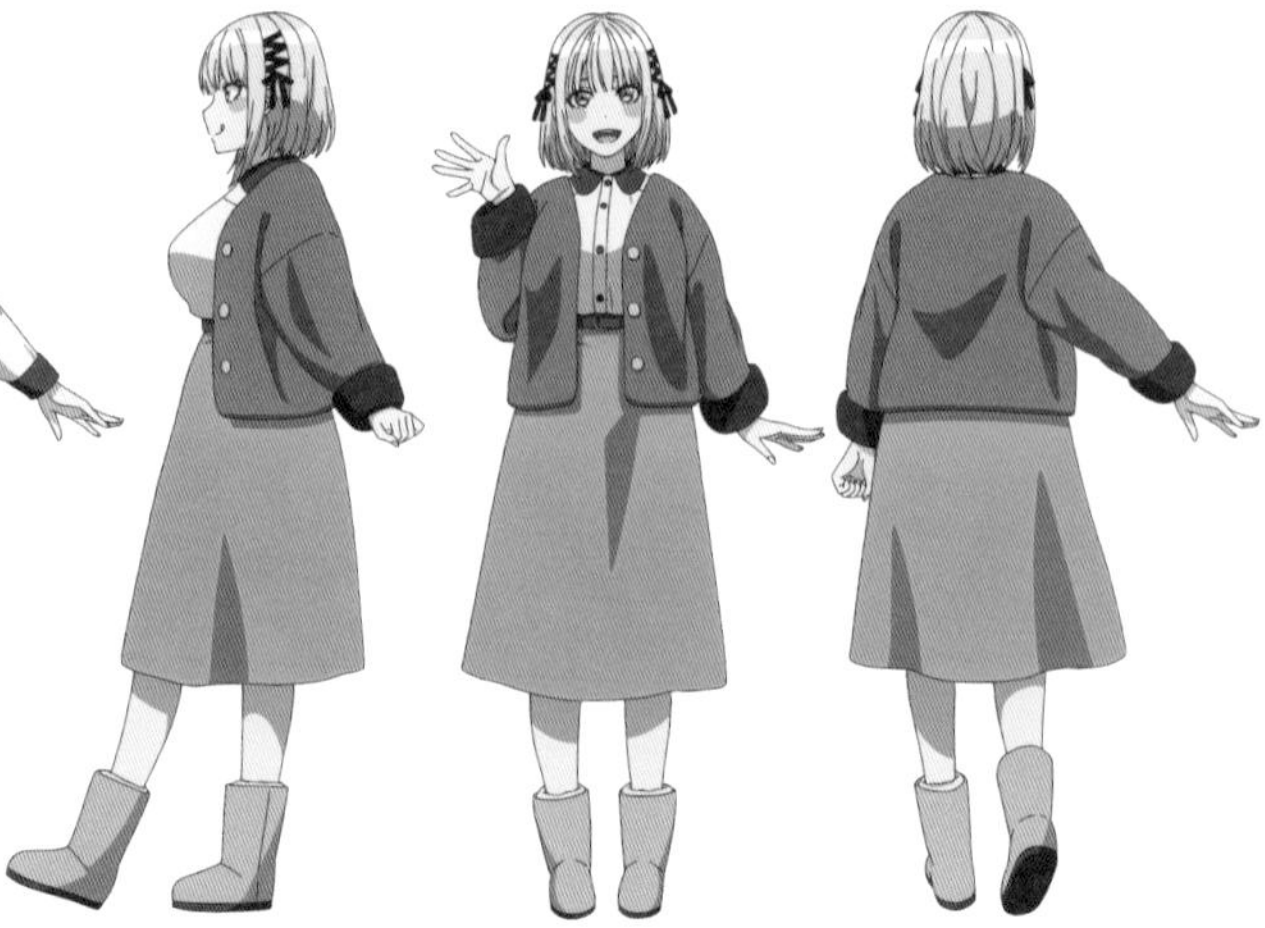

冬服1

冬服2

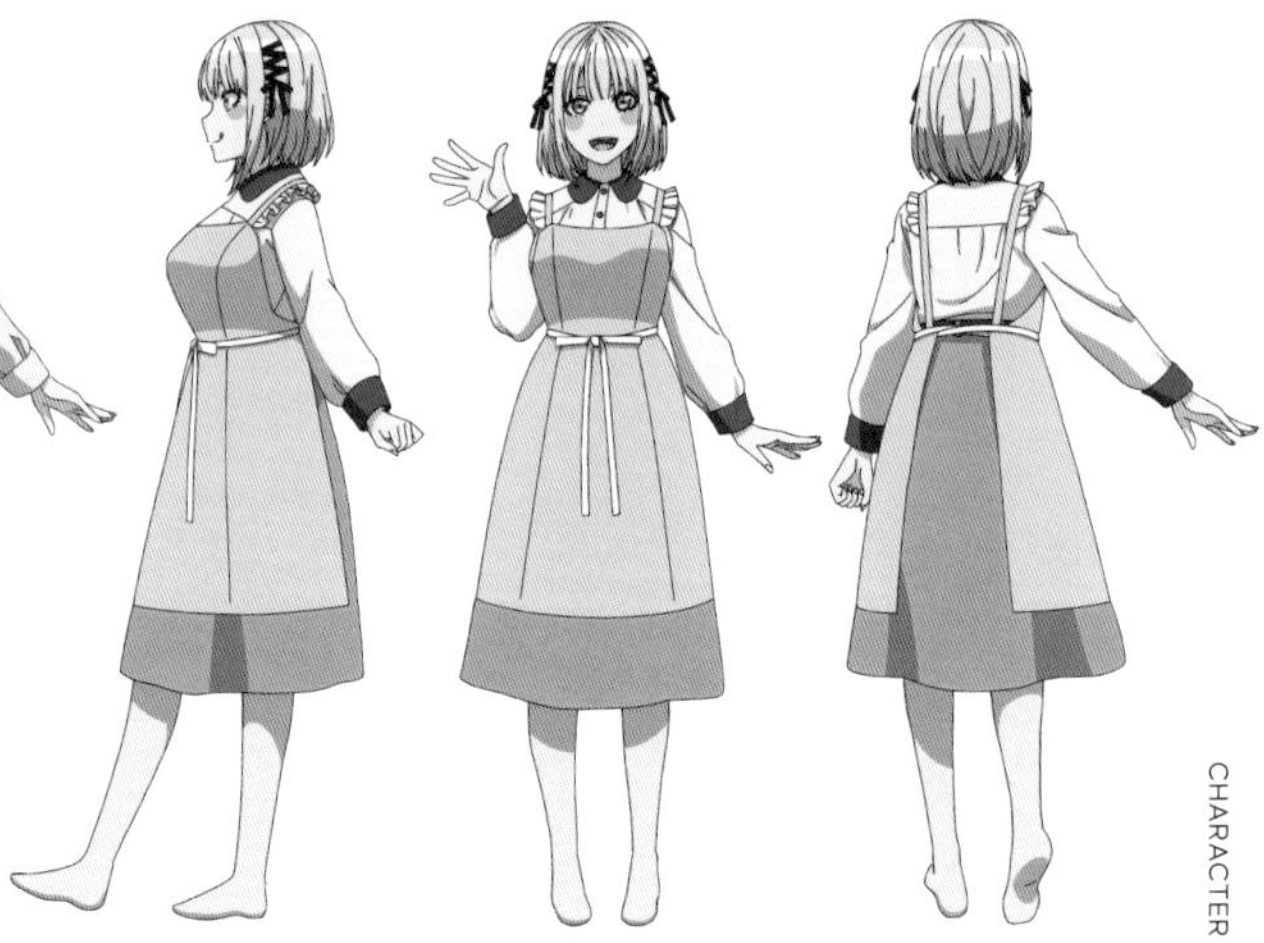

冬服1（エプロン）

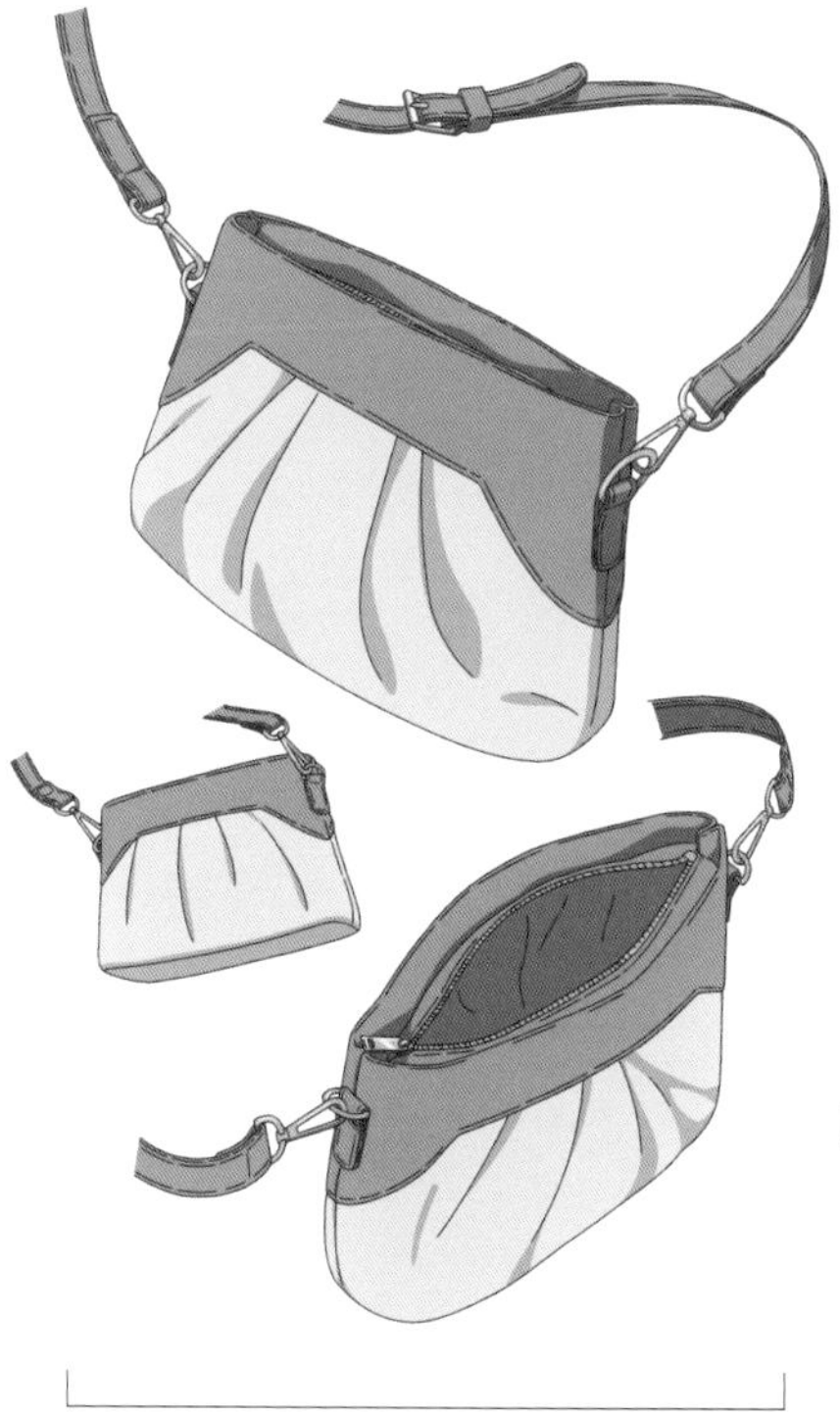

ショルダーバッグ

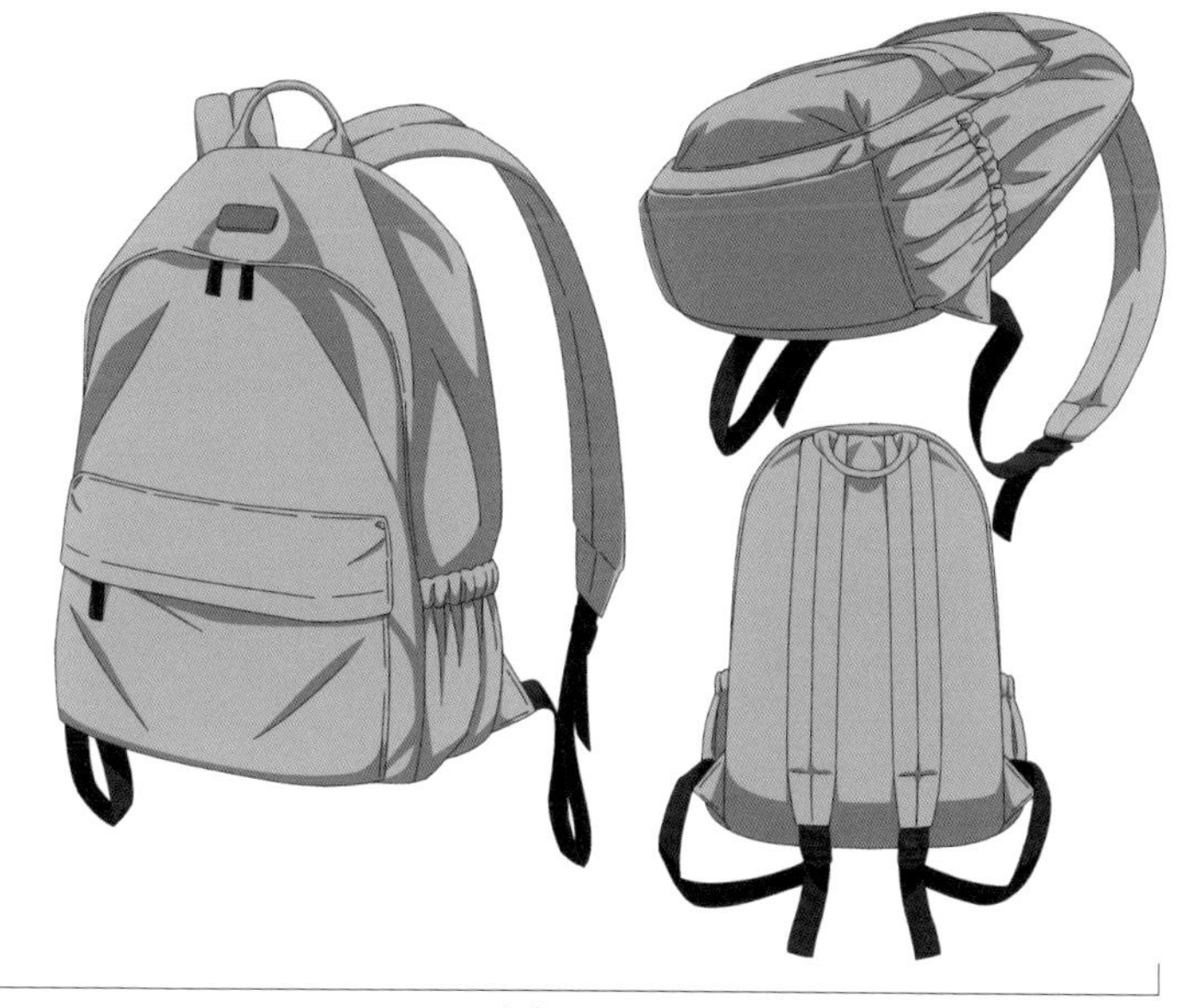

合宿リュック

デフォルメキャラクター

TOKUTOMI IZUMI

# 徳富 泉

(CV) 若山詩音

**誕生日** 2月12日

**身長** 155cm

**ハンドルネーム** 2の2のいずみち

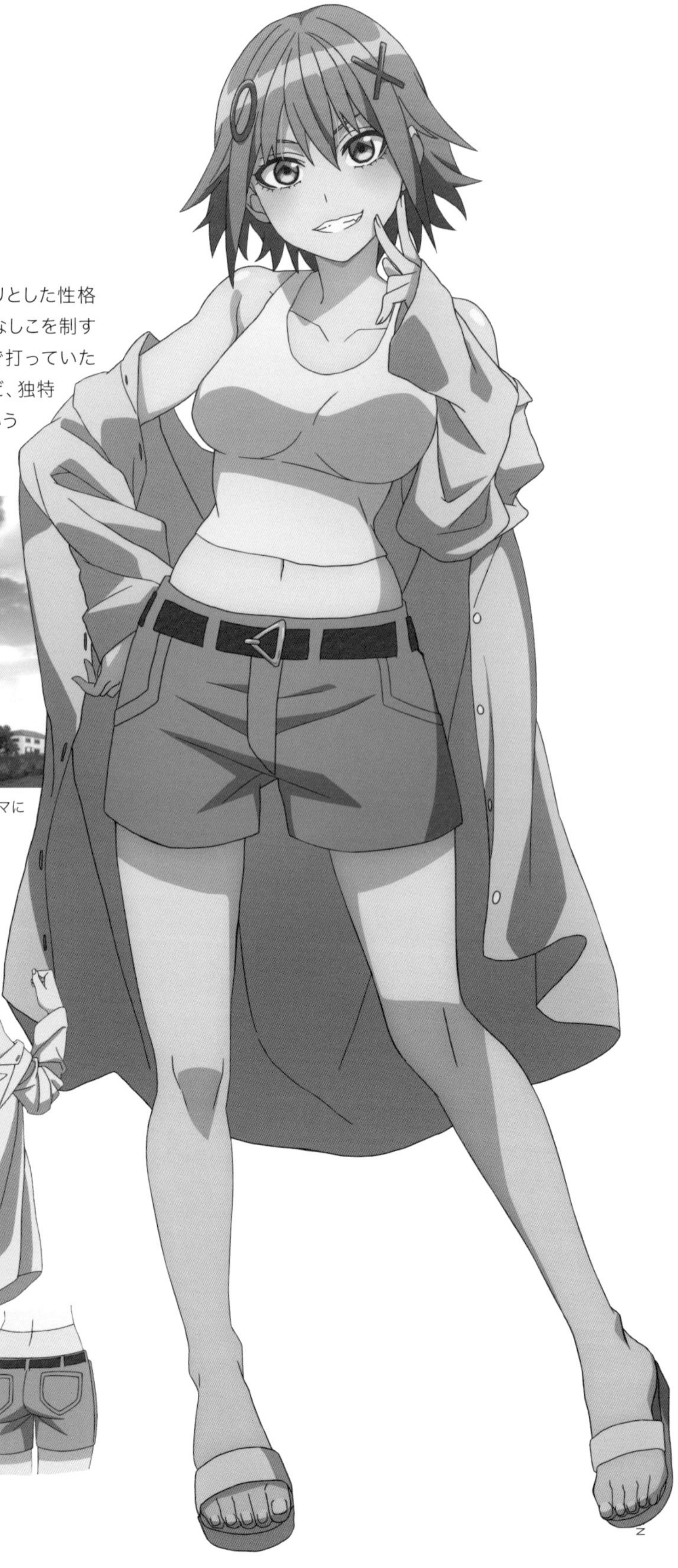

なしこ、ぱいと同じ学校に通う友人。サッパリとした性格のしっかり者で、思いつきで行動しようとするなしこを制することもある。麻雀の知識は、親戚の集まりで打っていたため豊富。電動雀卓を「ジャンタ君」と呼ぶなど、独特のネーミングセンスを持っており、チョンボという名前も彼女が付けた。家は魚屋を営む。

幼少期の出来事が原因で、尾道ベッチャー祭の鬼神がトラウマになっていたが、のちになしこたちの協力で克服する。

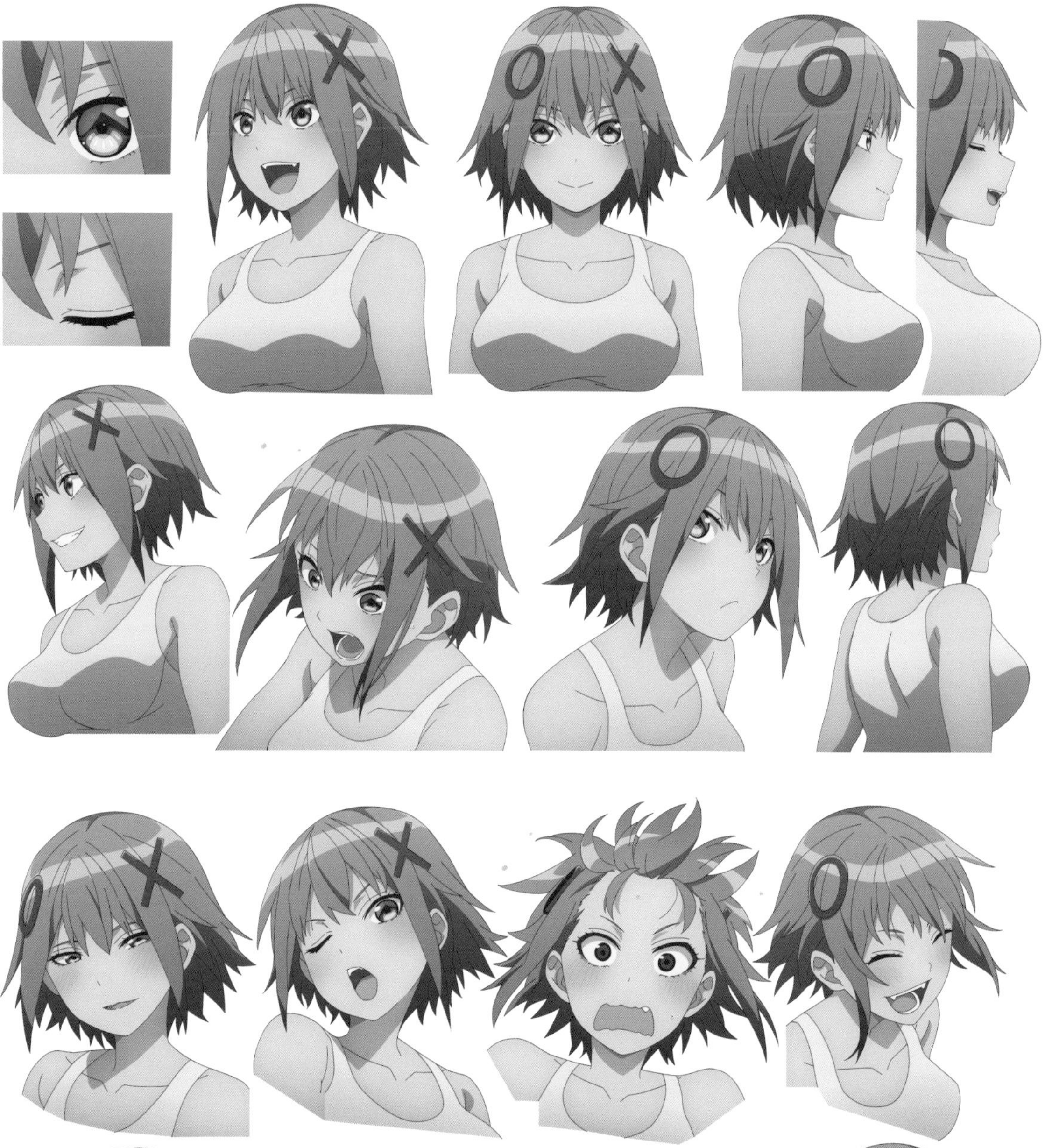

表情集

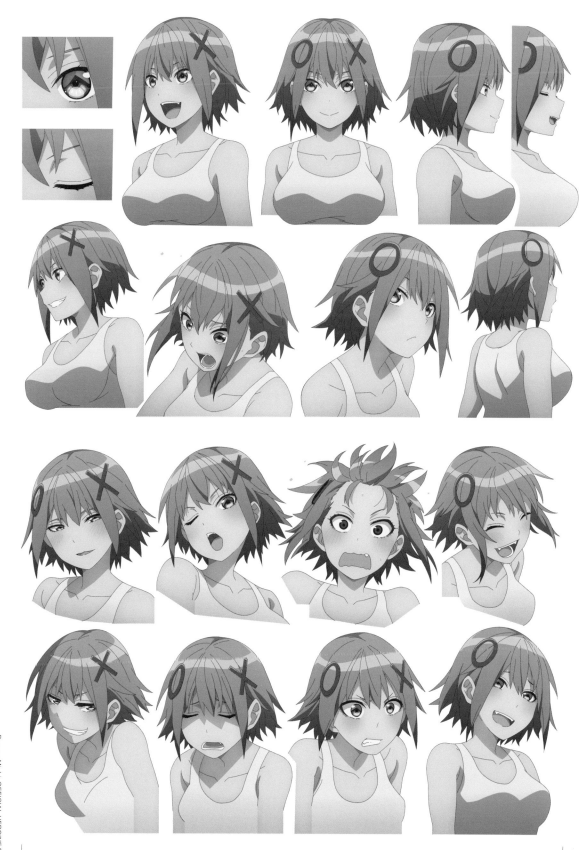

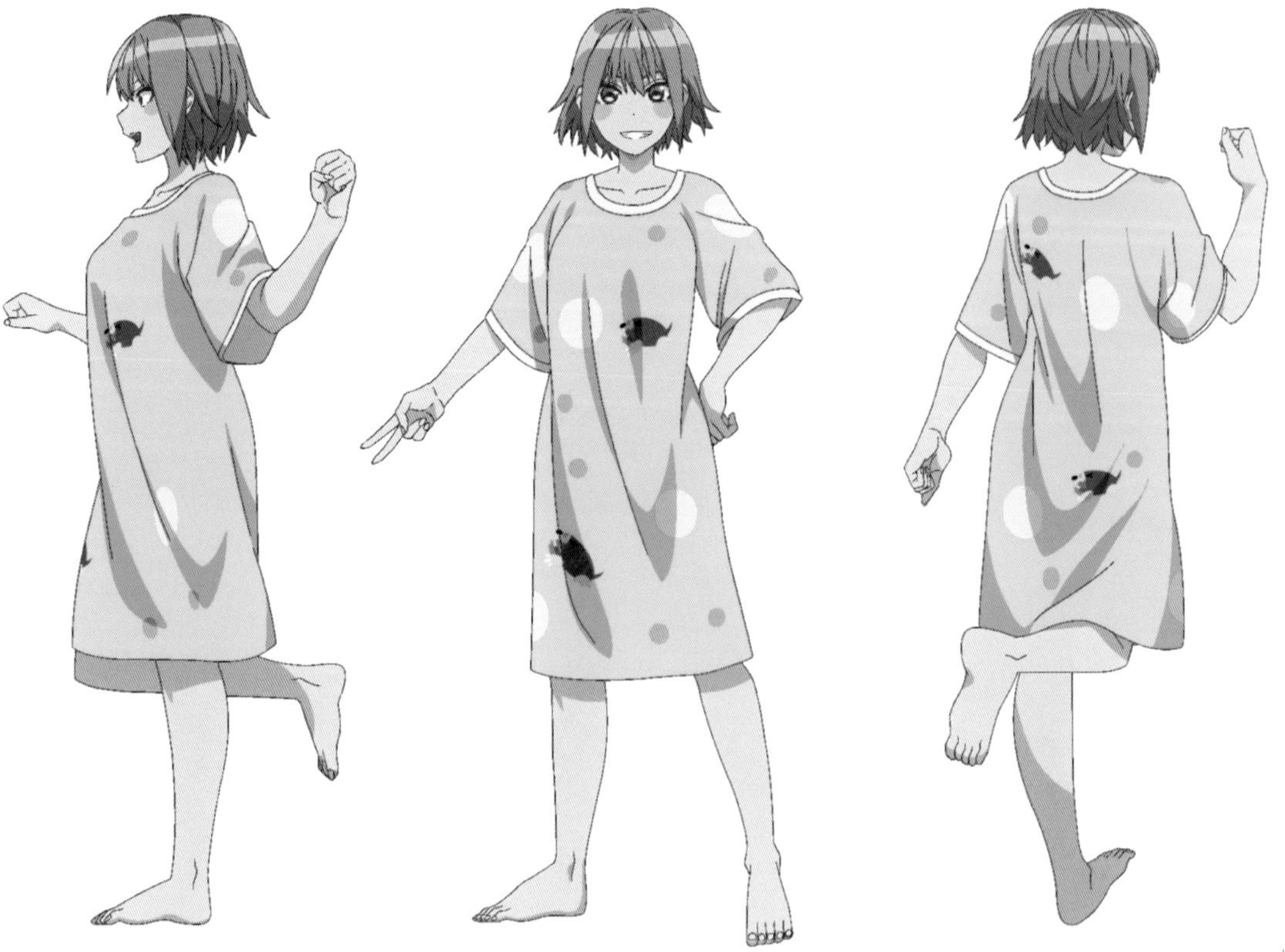

パジャマ

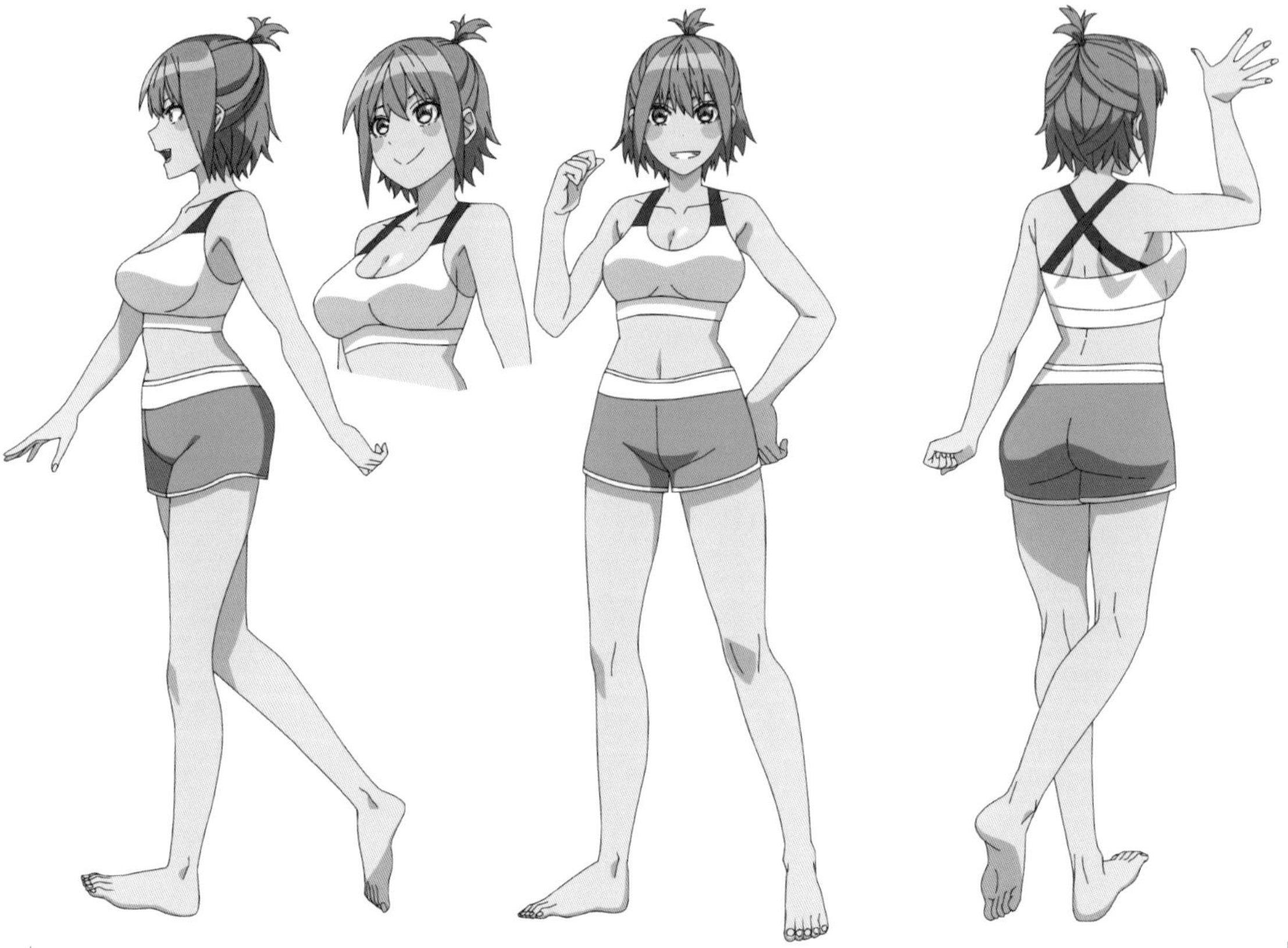

水着

合宿服

バーベキュー服

小学1～2年生の頃

秋服2

秋服1

冬服1(上着なし)

冬服1

冬服2

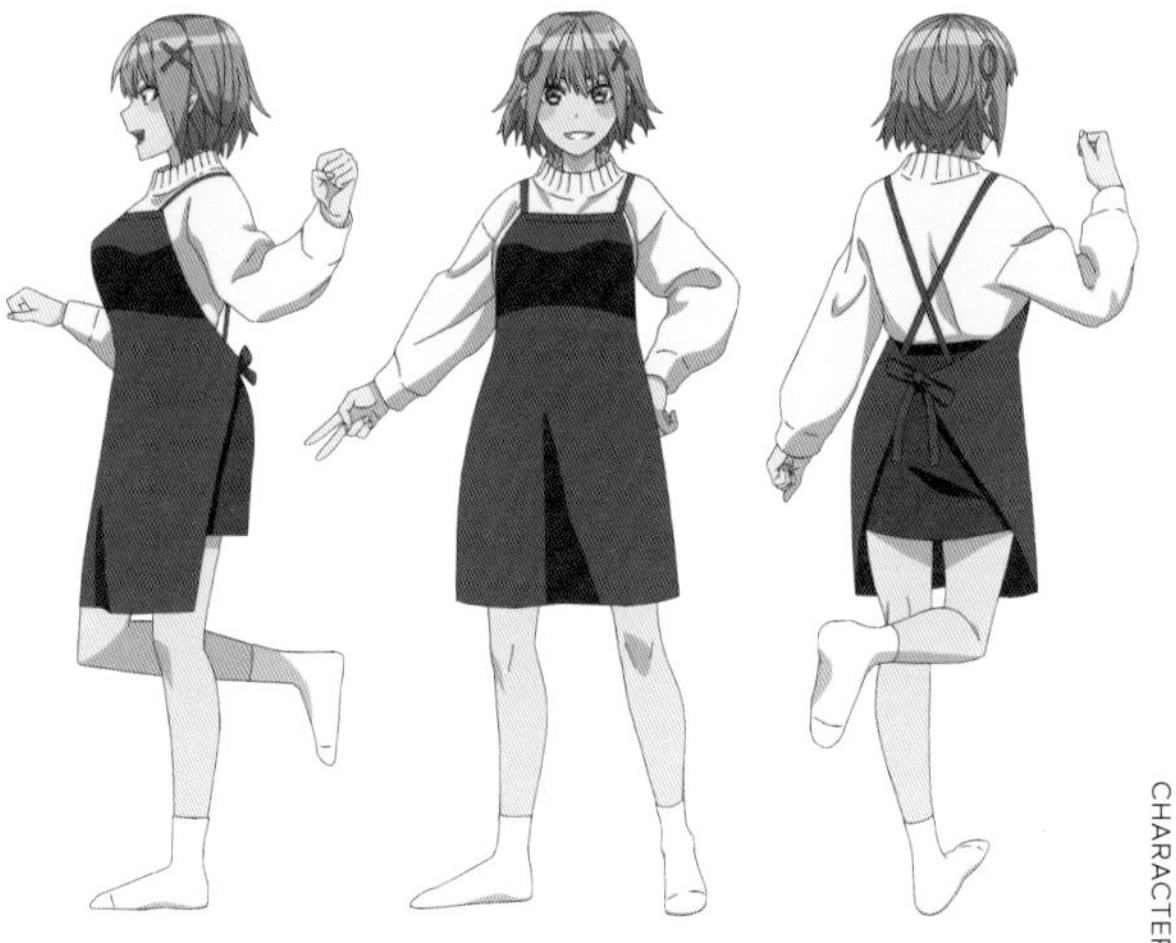

冬服1(エプロン)

ショルダーバッグ

クリスマス用かぶりもの

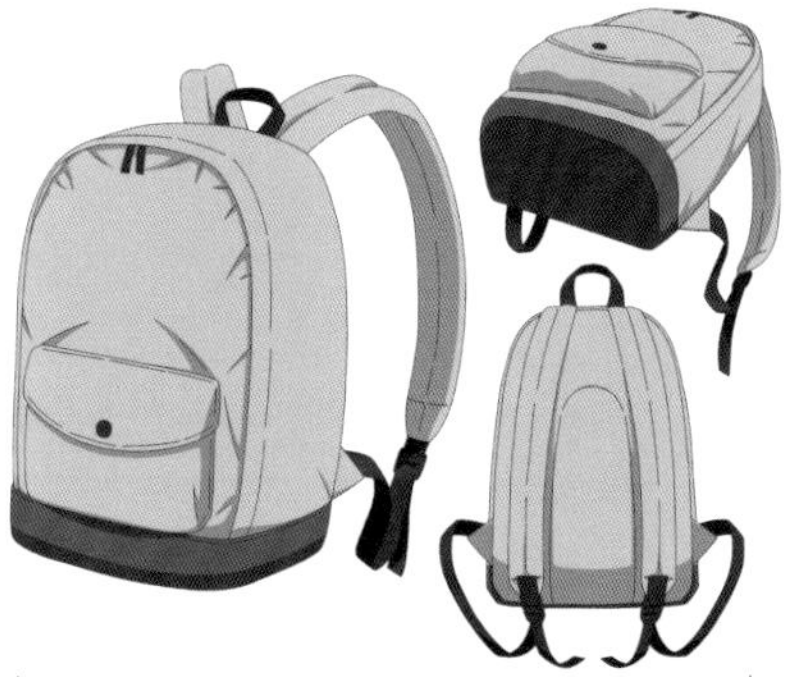

合宿リュック

デフォルメキャラクター

HAYASHI RICHE

# 林リーチェ

CV 近藤 唯

**誕生日** 11月11日

**身長** 163cm

**ハンドルネーム** リーチェいっぱつ

幼少期の経験から、雀荘「ぽんぽん」に強い思い入れを持つ女子高生。元雀荘「ぽんぽん」を訪れたときになしこと出会い、彼女たちの輪に加わる。けた外れのお嬢様で、金銭感覚が世間一般とずれており、ときおり、なしこたちを驚かせてしまうこともある。物腰は常に丁寧。幼い頃から麻雀に触れていたため、かなりの実力者。

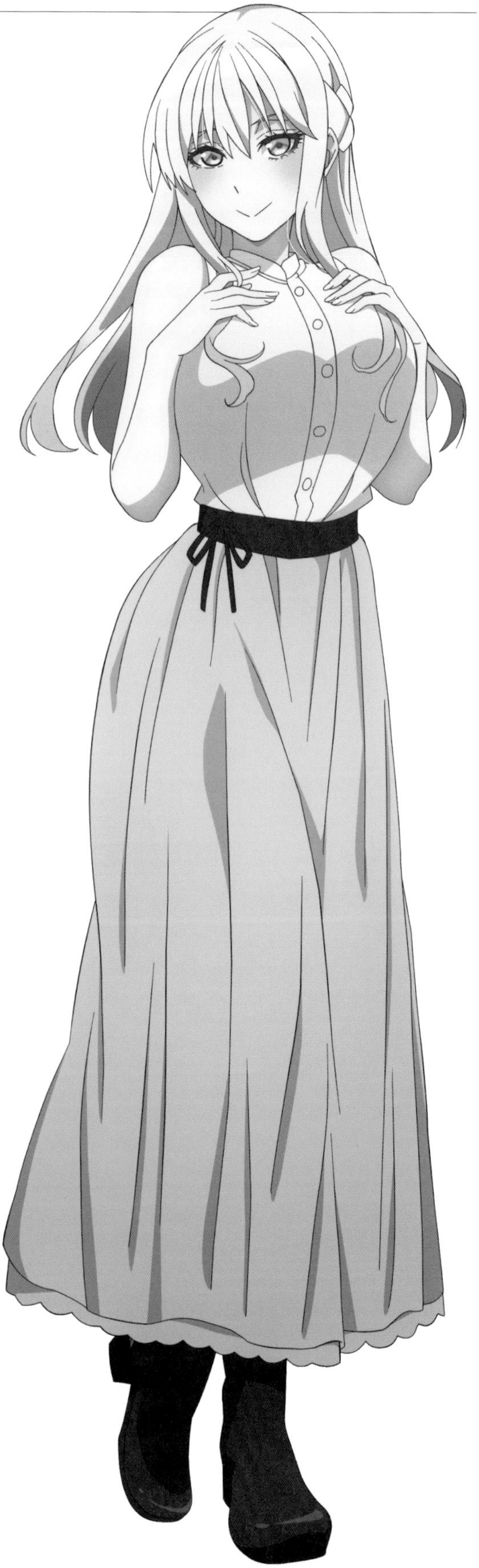

なしこたちと一緒に楽しみたいという気持ちが強く、イベントには常に積極的。お泊まりに自分が誘われていないと知ったときは拗ねてしまった。

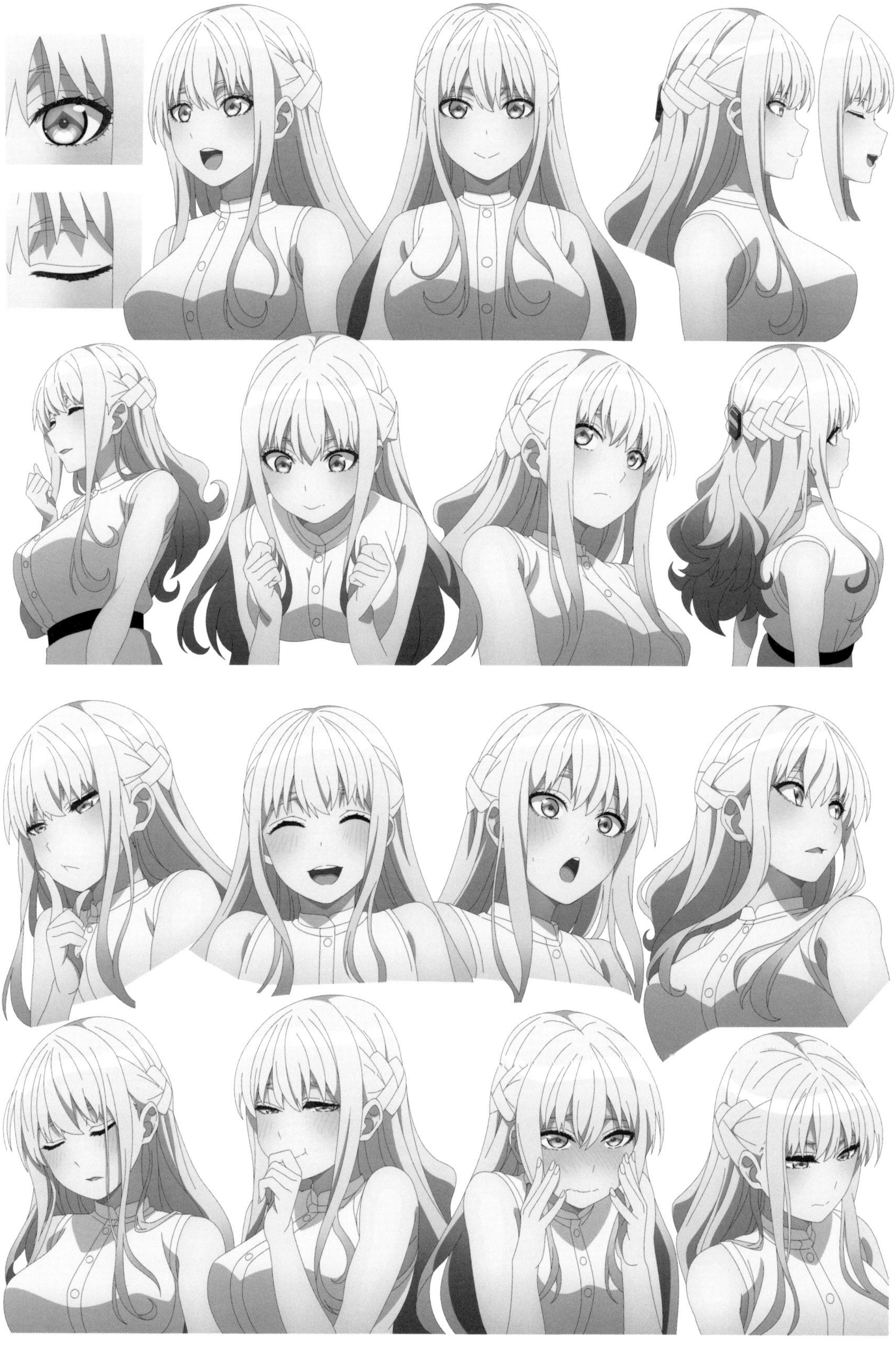

表情集

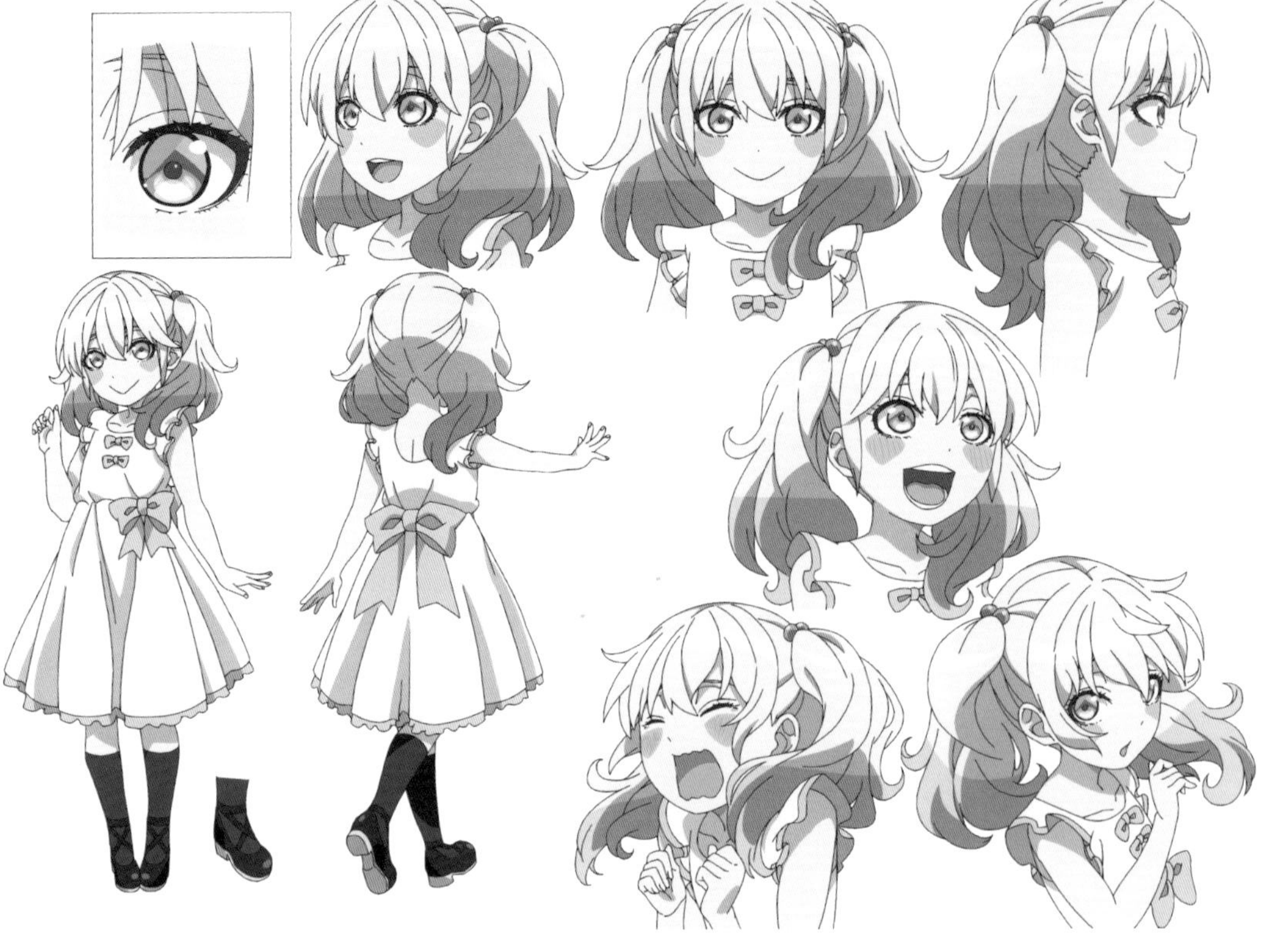

小学2〜3年生の頃

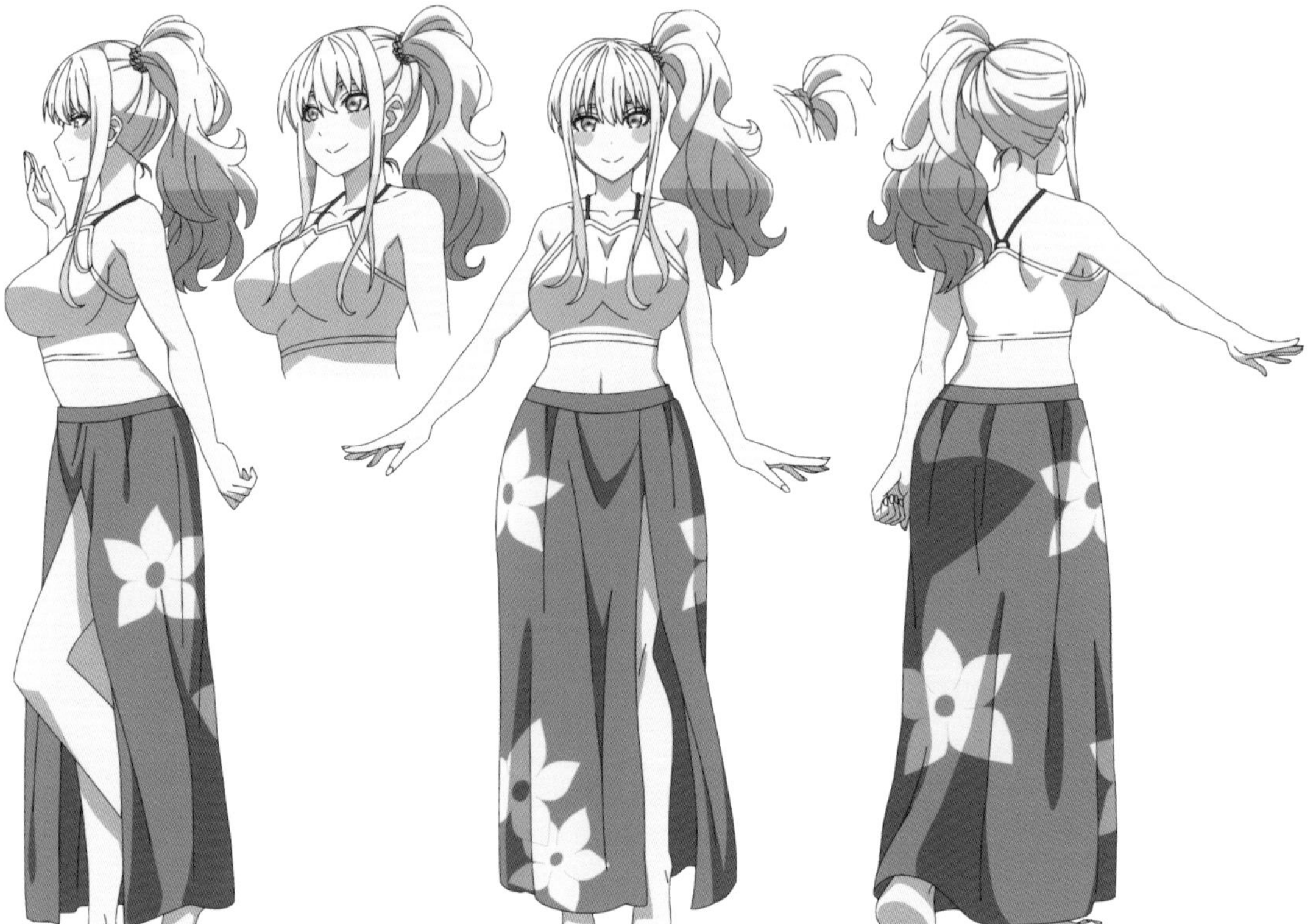

水着（パレオあり）

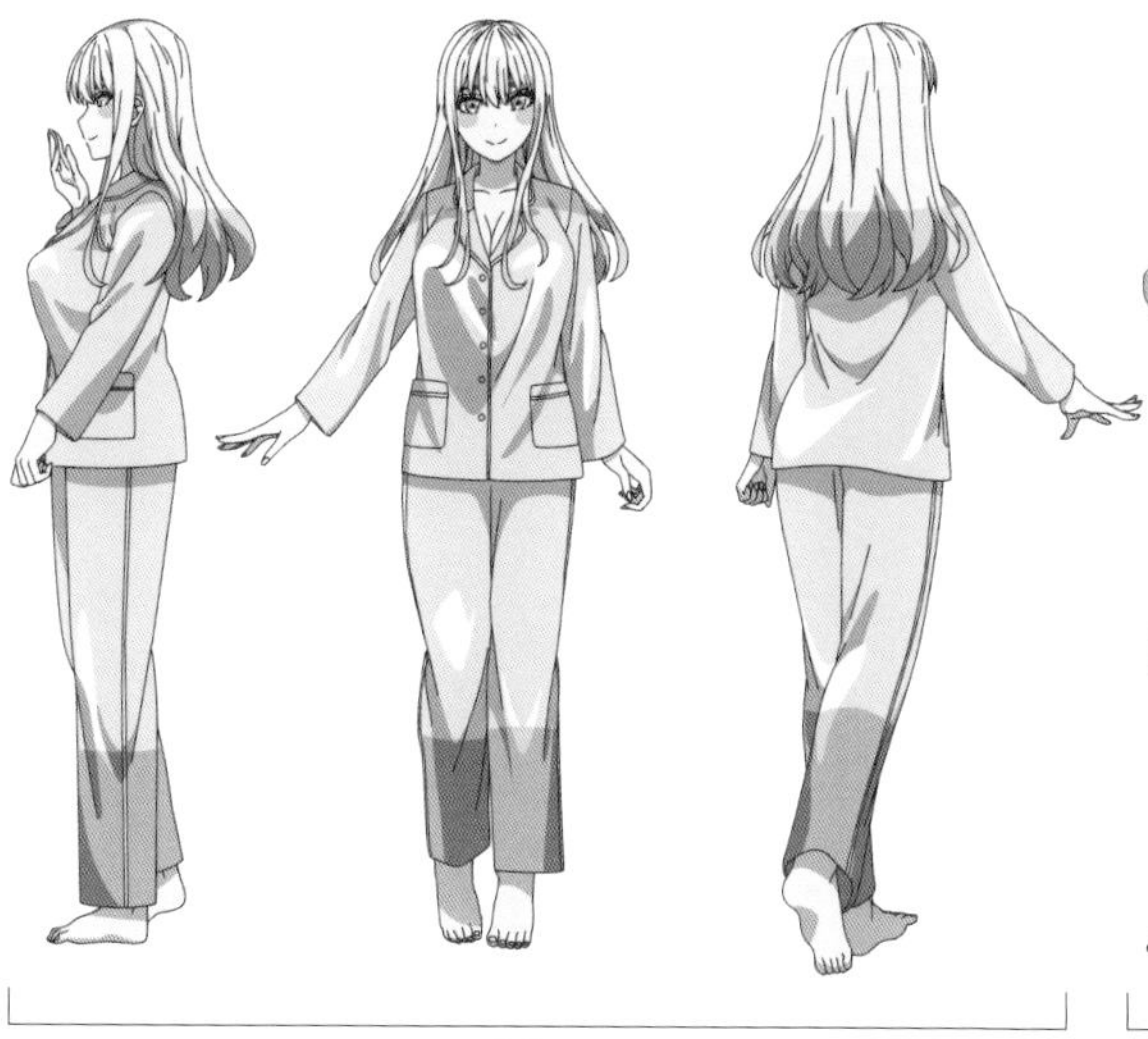

パジャマ

水着（パレオなし）

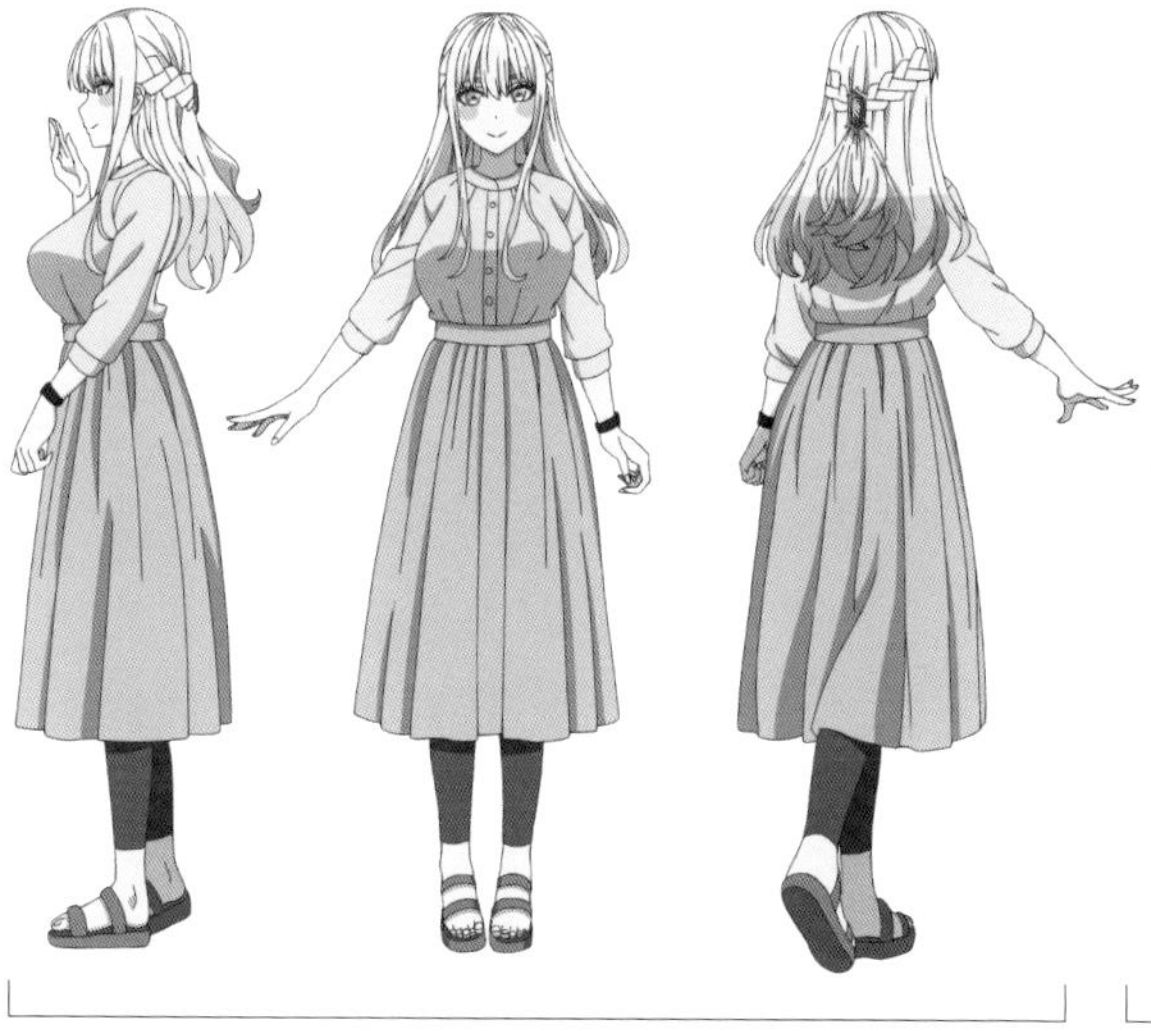

合宿服

バーベキュー服

着物

学生服

秋服2

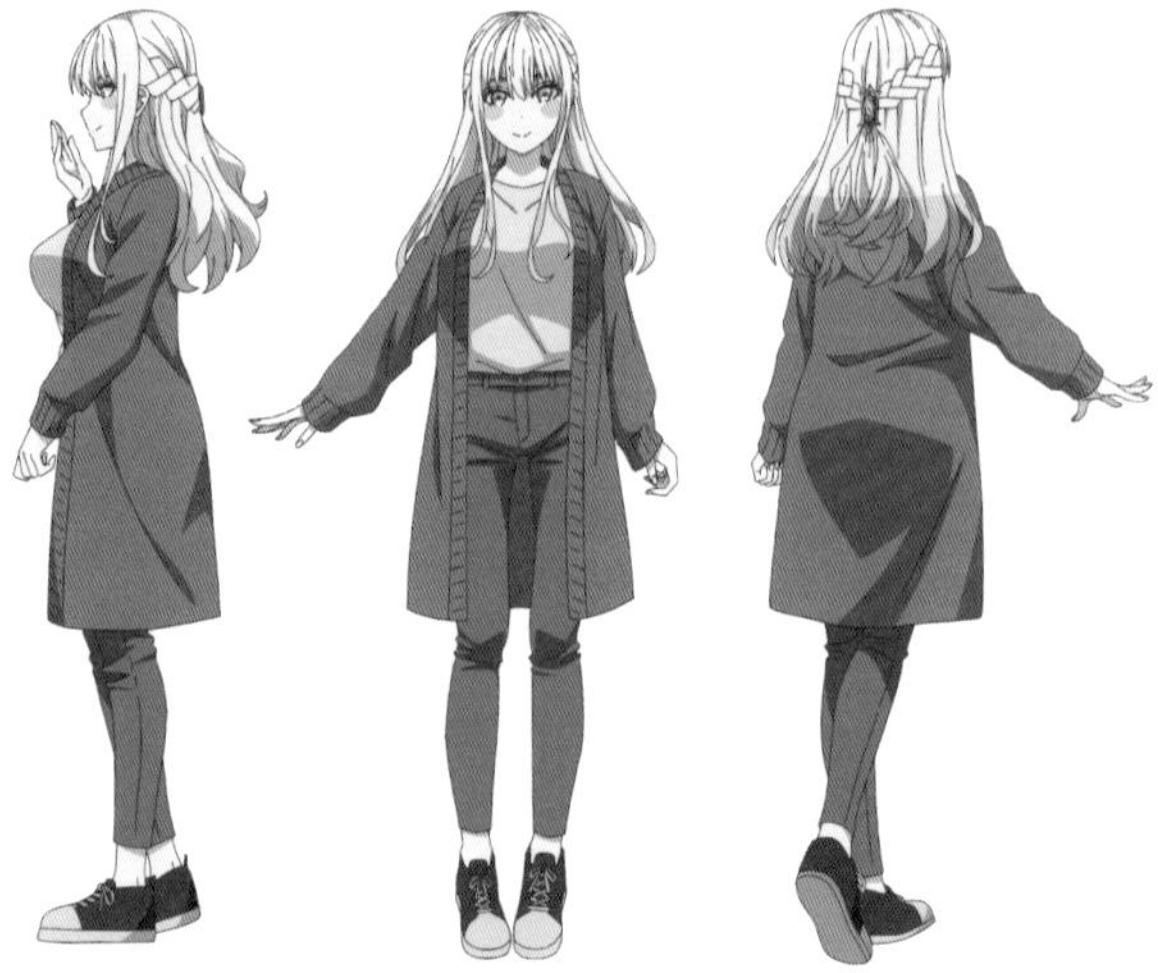

秋服1

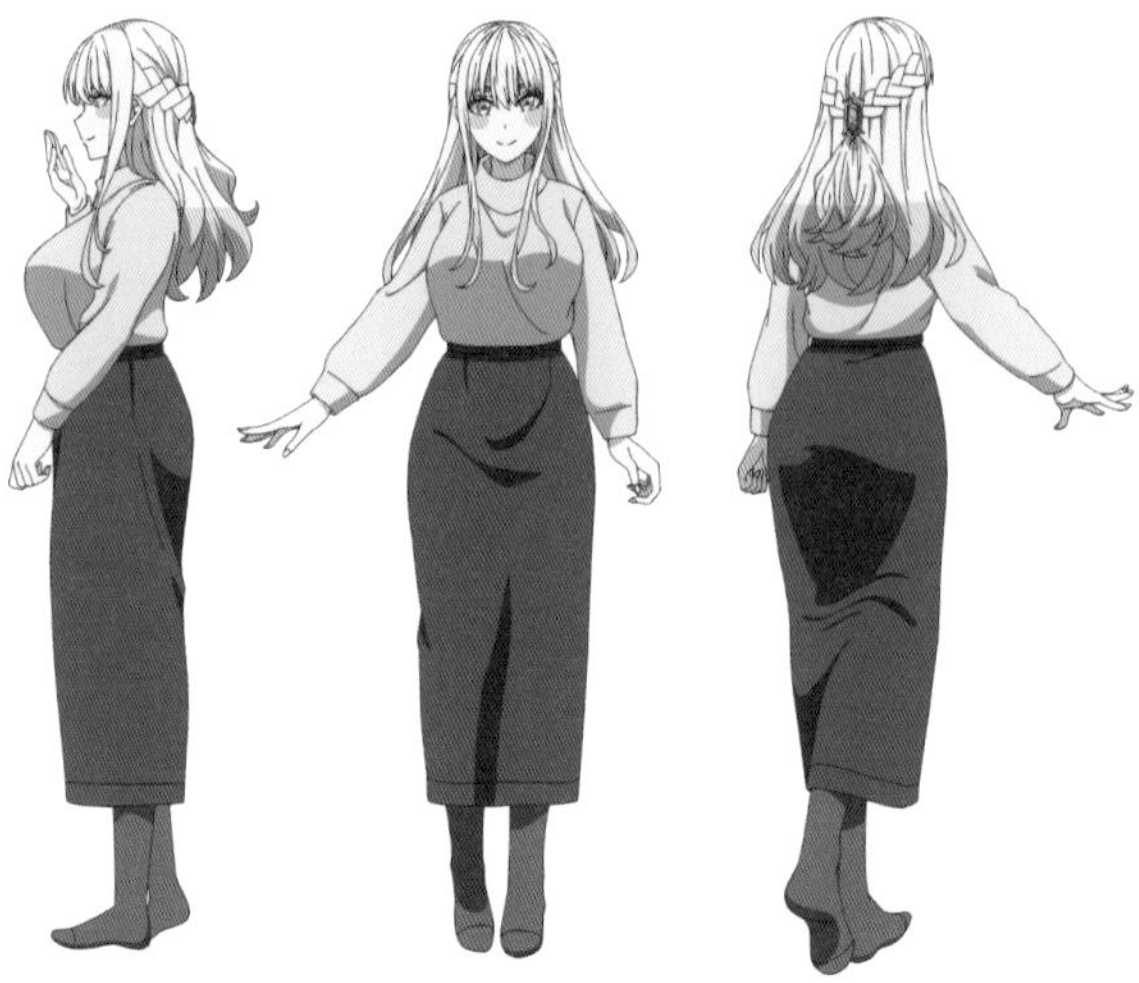

冬服1(上着なし)

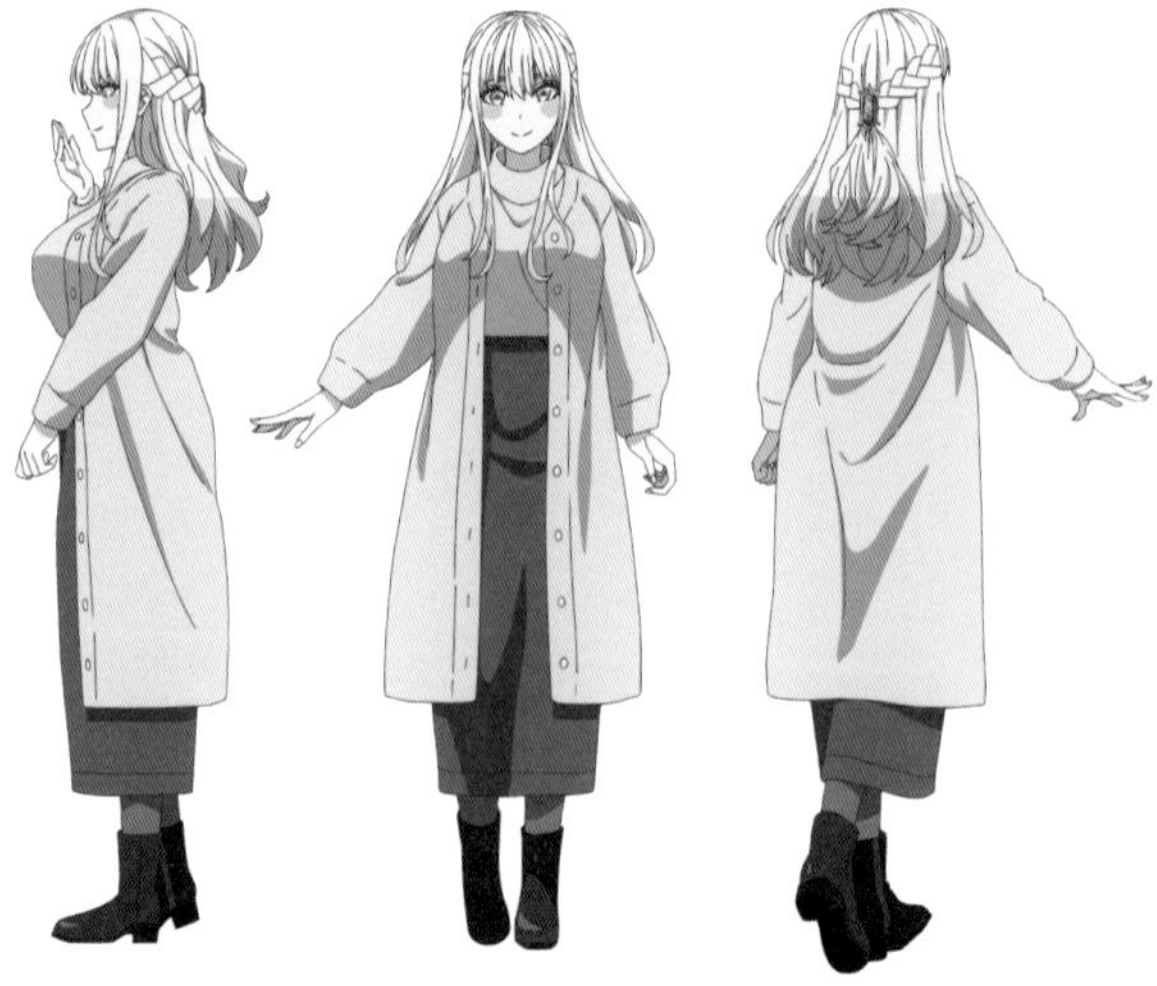

冬服1

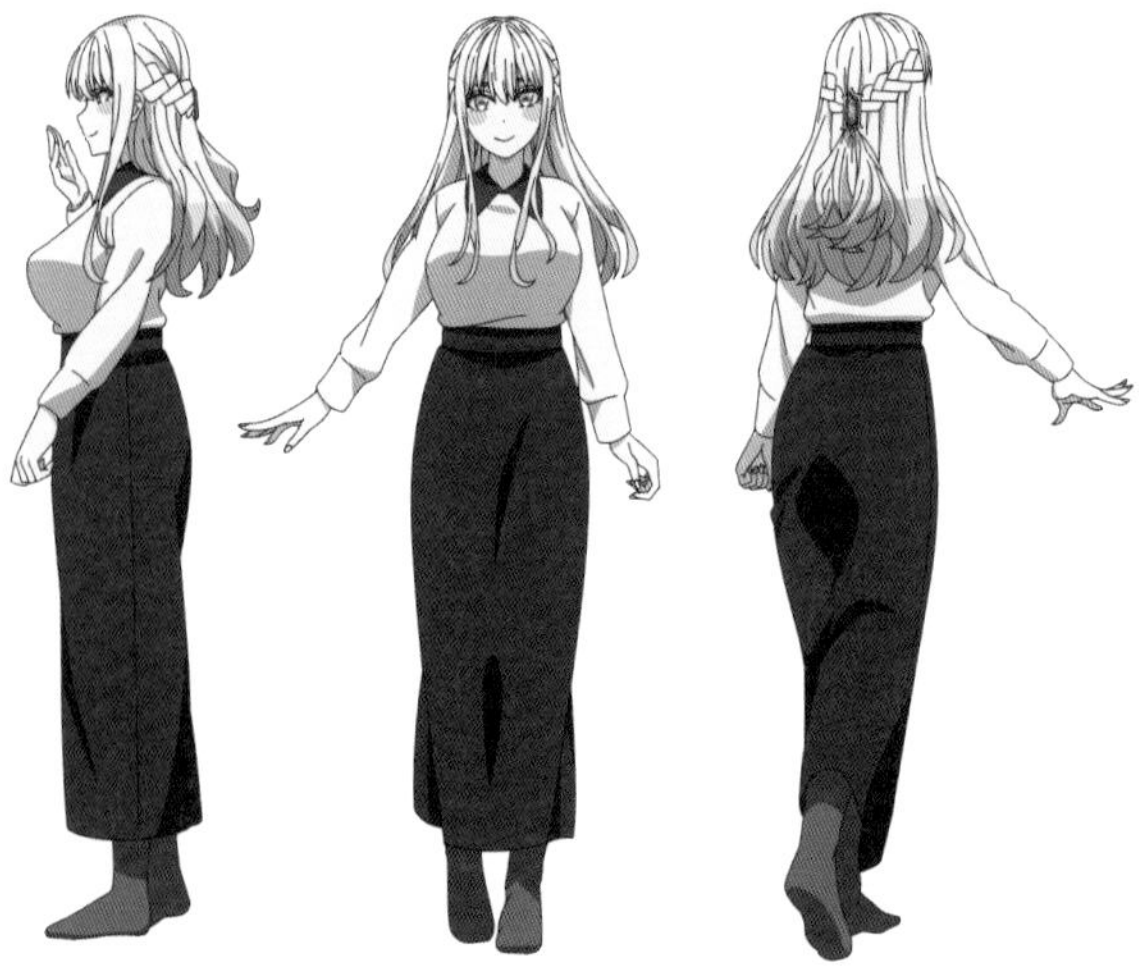

冬服2

冬服1(エプロン)

合宿リュック

クリスマス用かぶりもの

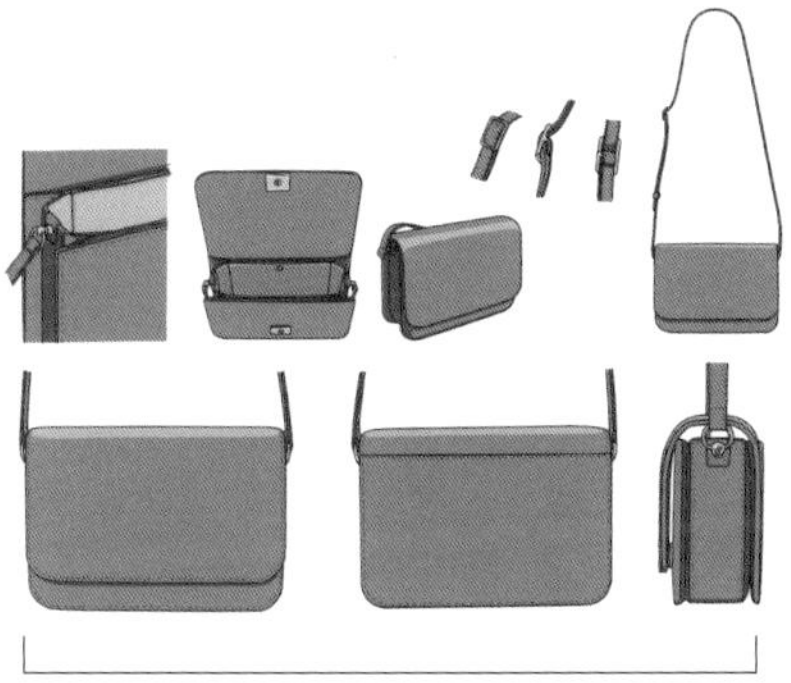

ショルダーバッグ

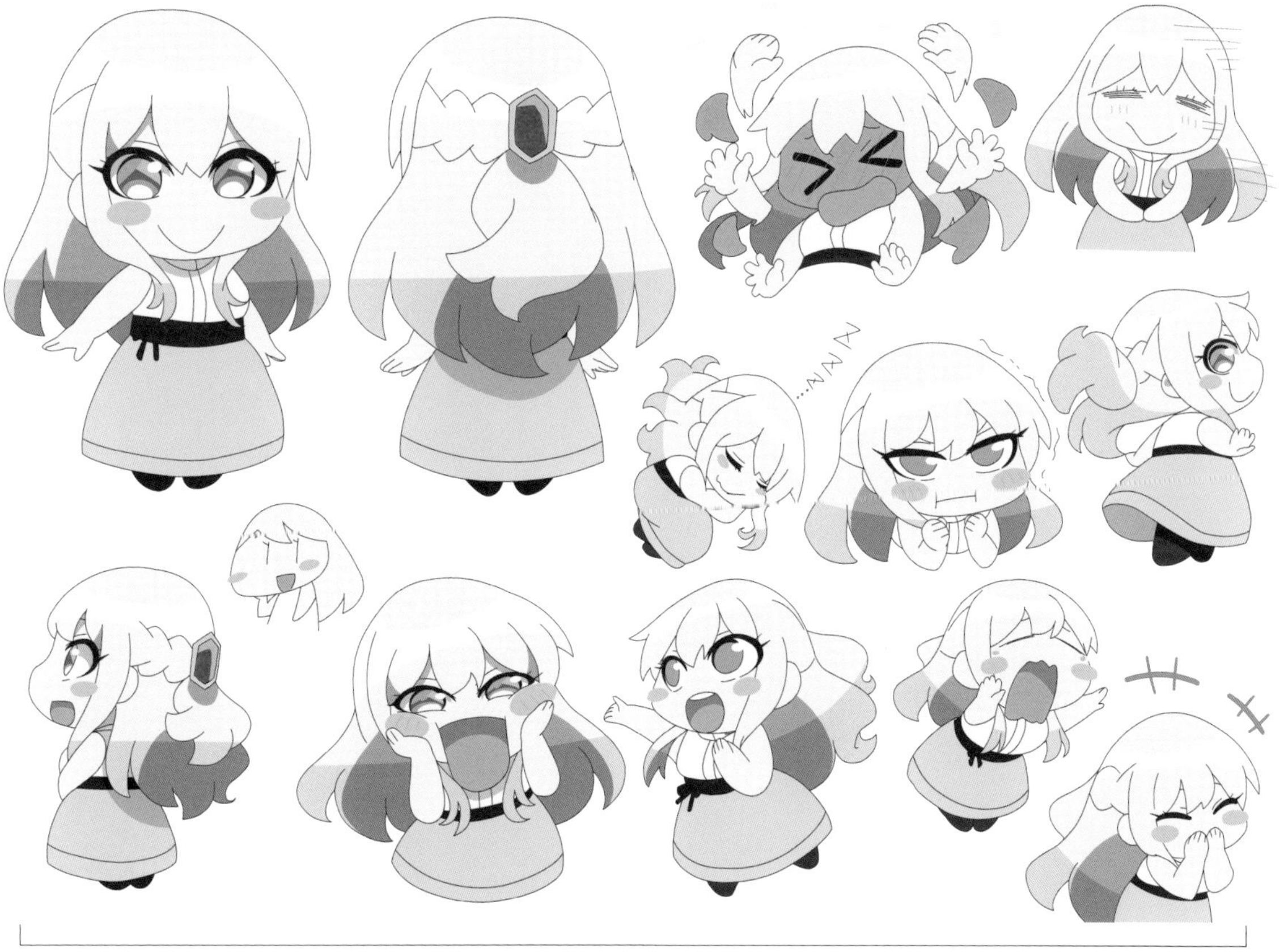

デフォルメキャラクター

EMI HANERU

# 江見 跳

CV 山村 響

**誕生日** 4月26日

**身長** 160cm

**ハンドルネーム** FOOL'S MATE

広島市に住む、パンク系のファッションが好きな女子高生。筋金入りの麻雀好きで、団体に所属して腕を磨いてきた。オンライン麻雀でリーチェに敗れた悔しさから元雀荘「ぽんぽん」を訪れたことで、なしこたちの輪に加わる。クールな性格で普段の言動は素っ気ないが、麻雀のことになると熱くなりがち。運動は苦手で、体力もない。

麻雀以外の遊びにはあまり積極的ではないが、なしこたちとの交流は楽しいと感じているようで、あれこれ言いつつも彼女たちに付き合っている。

表情集

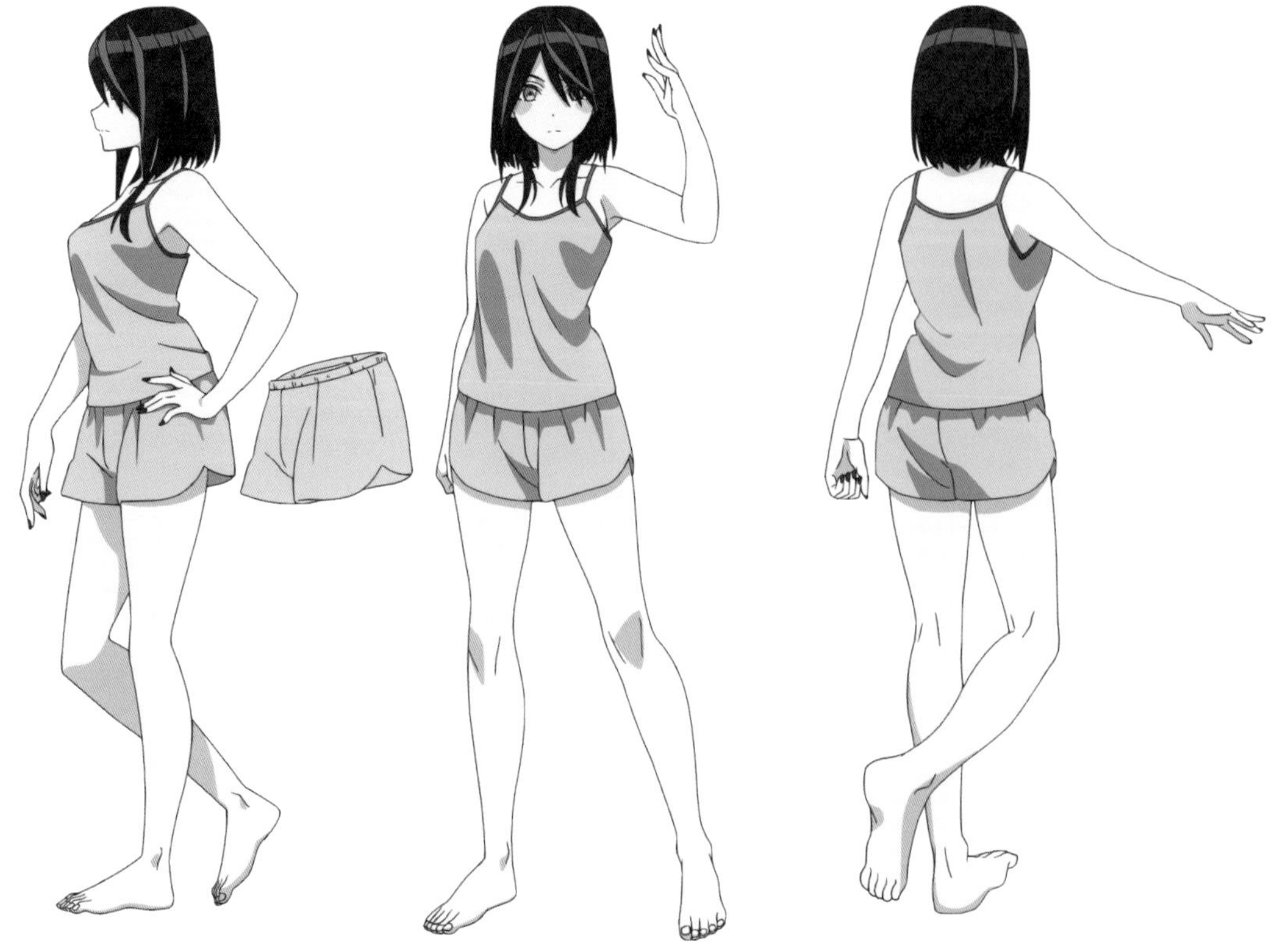

パジャマ

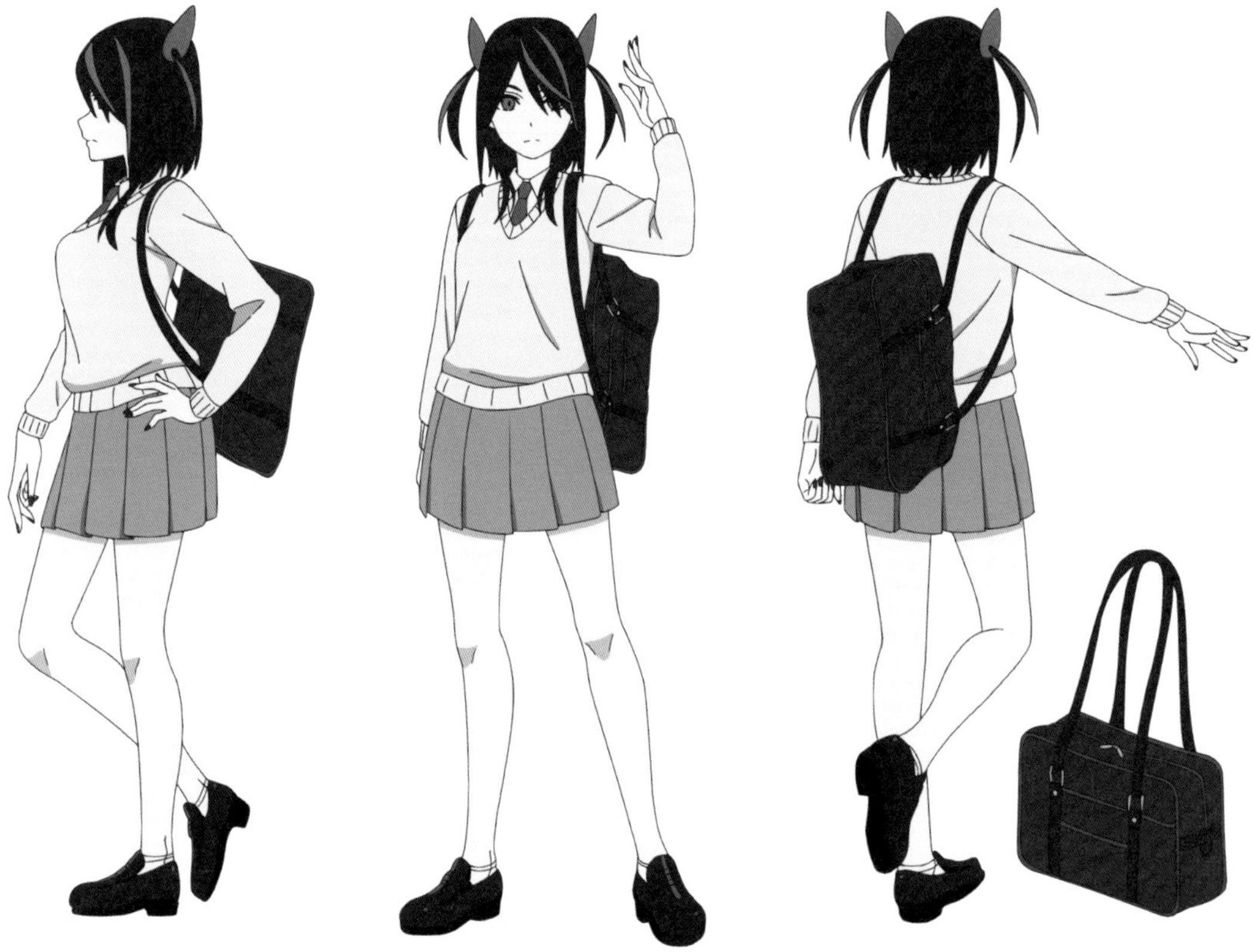

学生服

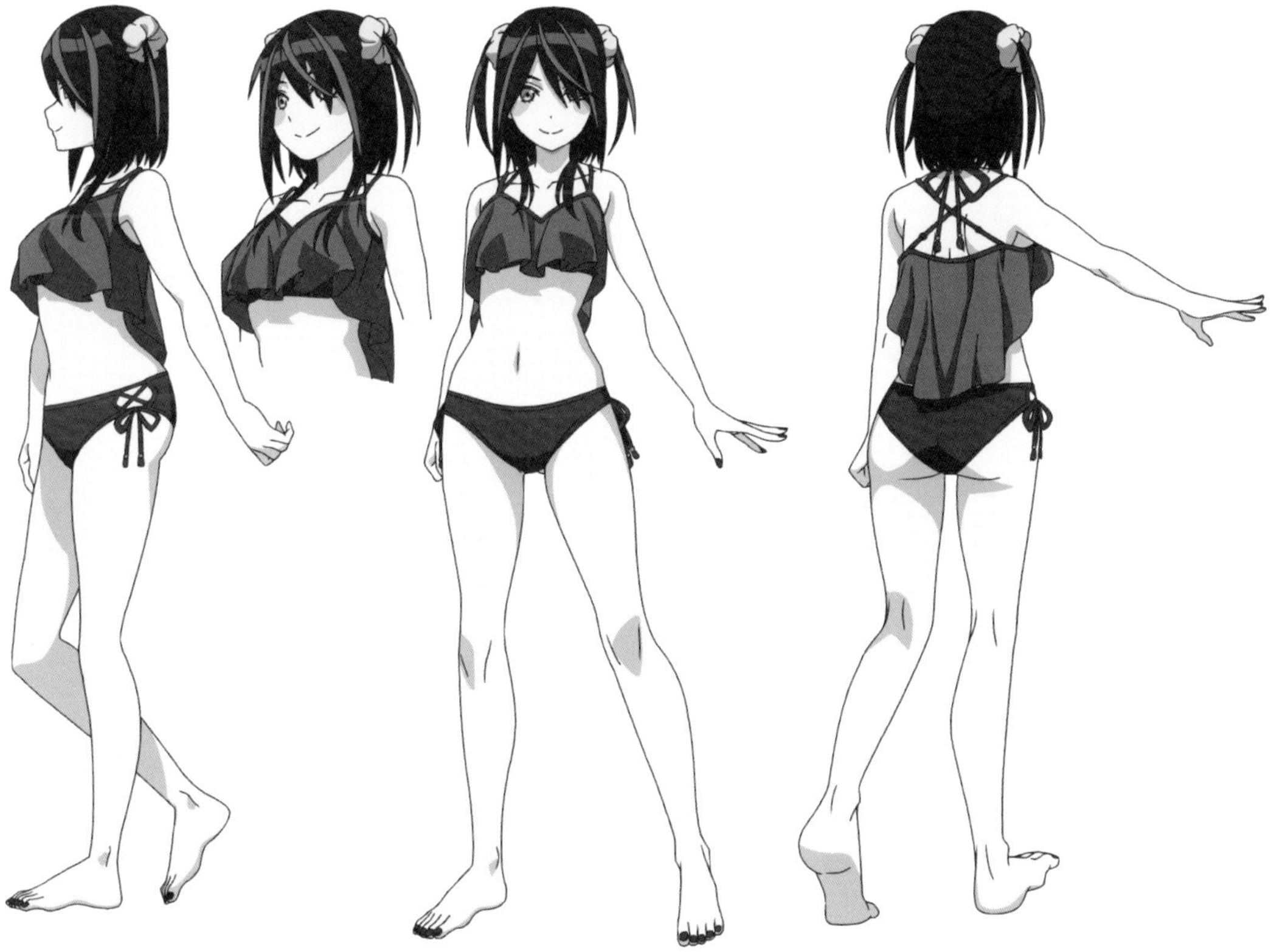

水着（上あり）

水着（上なし）

秋服1

合宿服

冬服1

秋服2

冬服2

冬服1（上着なし）

合宿リュック

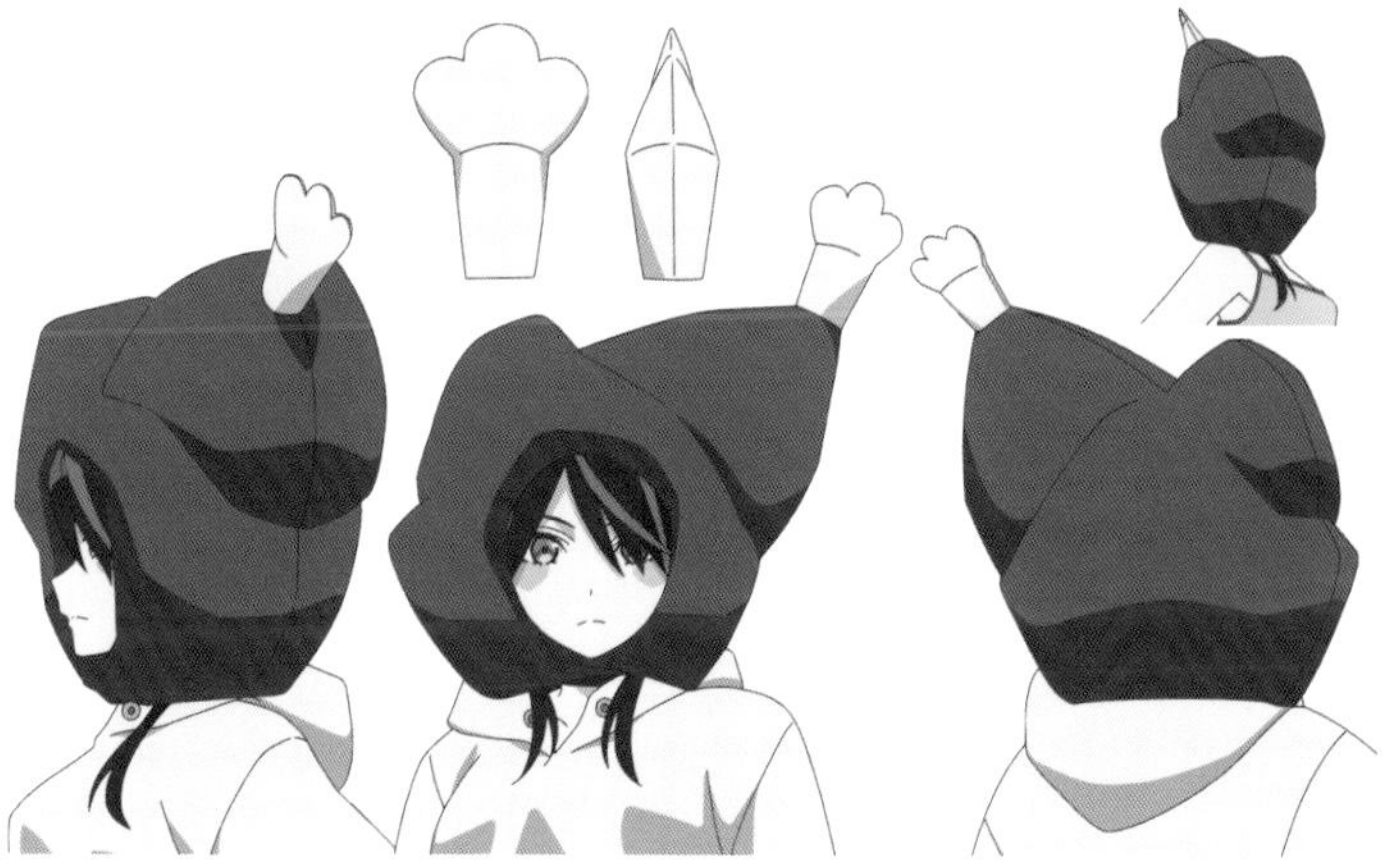

クリスマス用かぶりもの

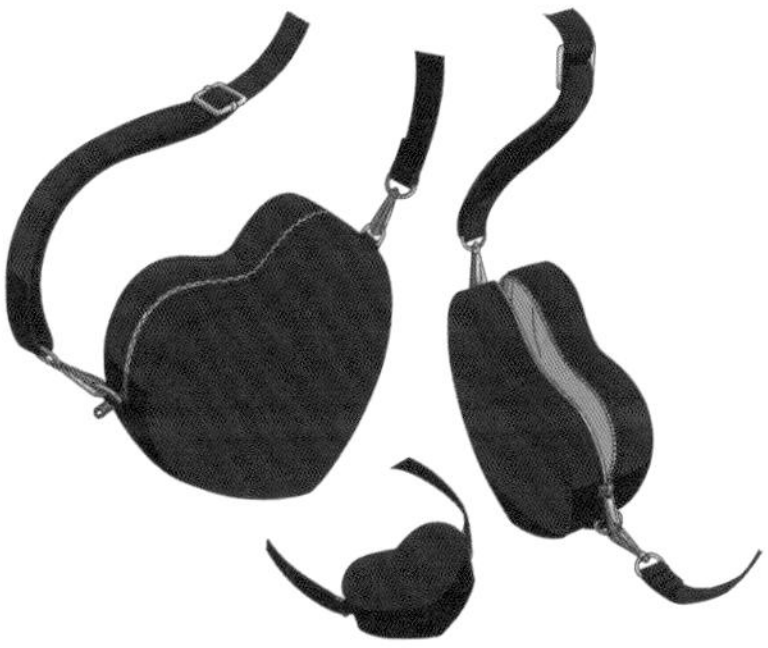

ショルダーバッグ

デフォルメキャラクター

CHONBO

# チョンボ

CV 大塚明夫

誕生日 12月16日

身長 約10cm

元雀荘「ぽんぽん」に住む、詳細不明の麻雀の精霊。基本的にお茶目だが、ときおり貫禄を見せる。声を聞けるのはなしこだけで、他の面々からは、麻雀ができる不思議なスズメと認識されている。

UNKNOWN GIRL

# 謎の女の子

CV 上田麗奈

最終回で元雀荘「ぽんぽん」を訪れた女の子。人物像などは語られていない。なお、このキャラクターは、キャラクターデザインの大田謙治がメインの5人にタッチを合わせてデザインした。

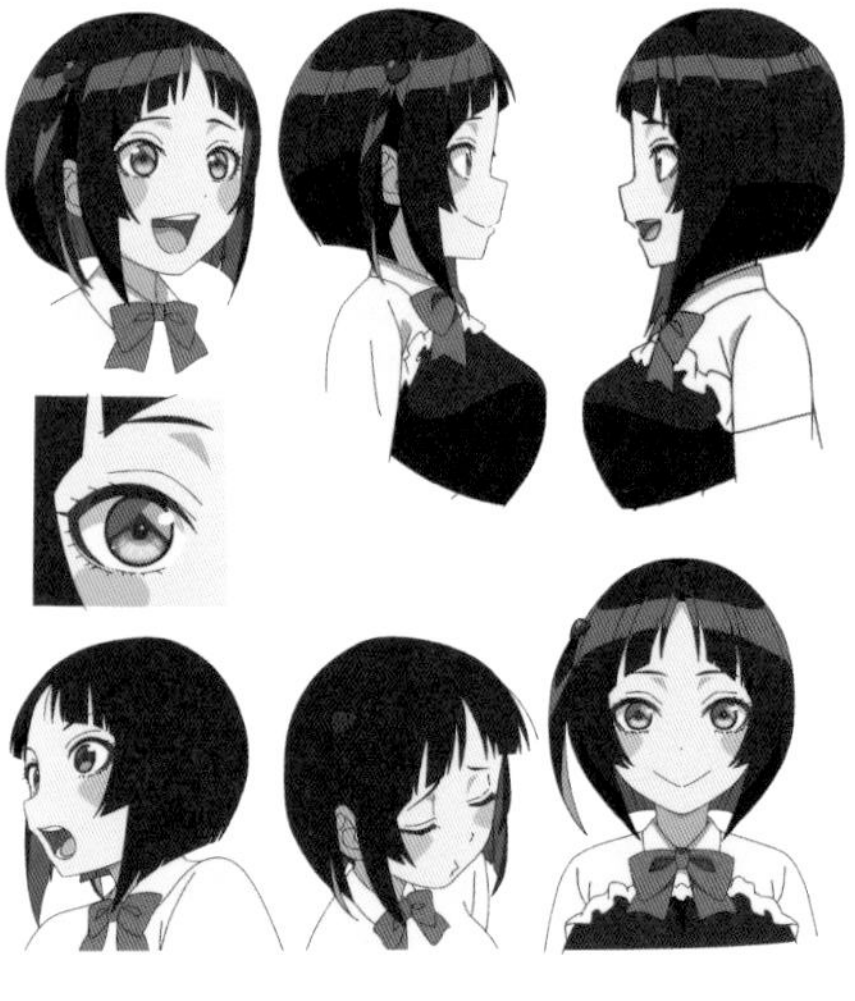

# キャラクター原案

本作のキャラクター原案は『五等分の花嫁』や『戦隊大失格』などで広く知られるマンガ家、春場ねぎが手がけた。その原案イラストの数々を、本人のコメントとともに紹介しよう。

## 十返舎なしこ

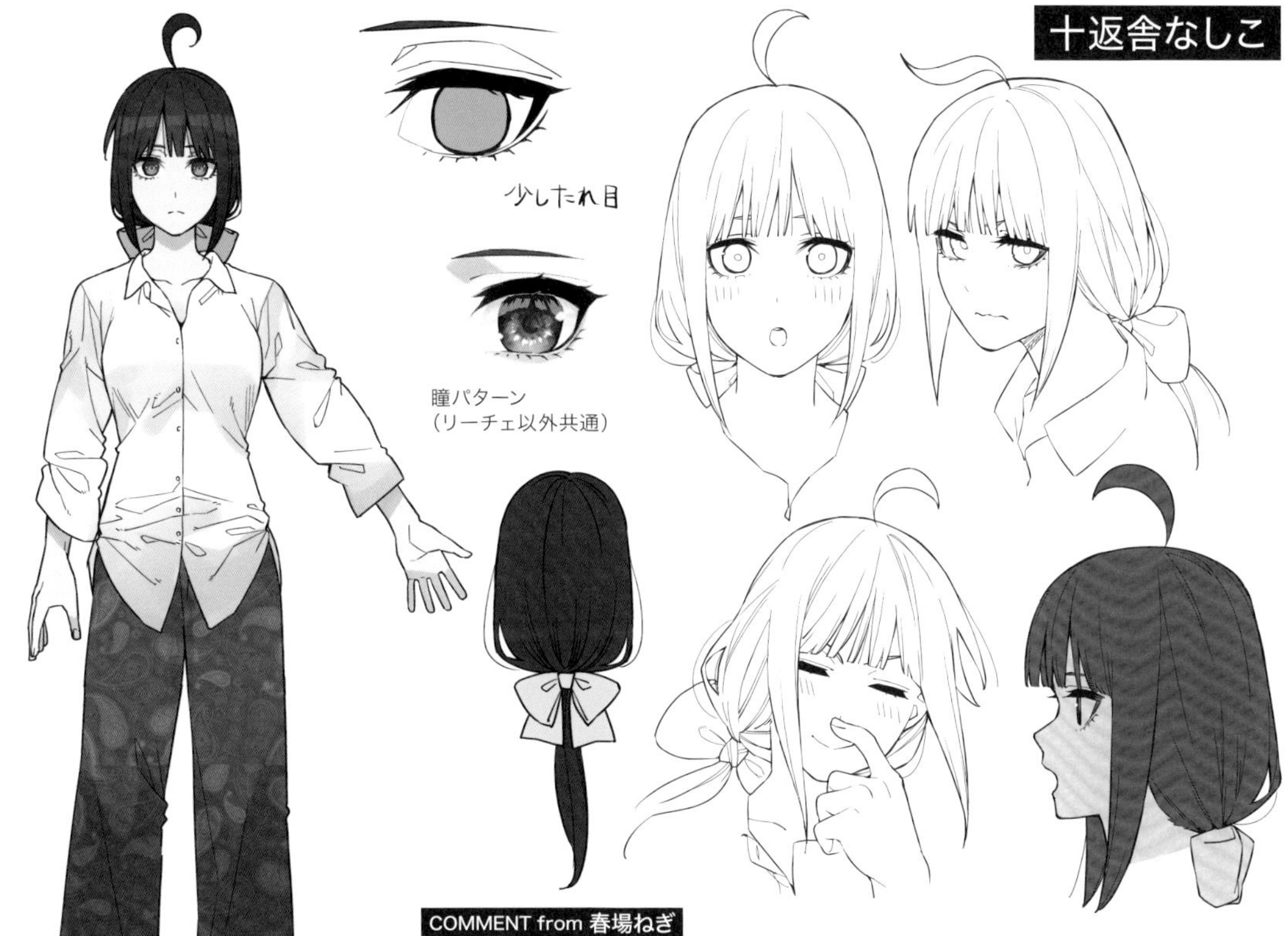


**COMMENT from 春場ねぎ**

なしこは主人公ということで、なるべくベーシックなデザインを意識しました。グループの中心にいつつも、友人たちの個性に振り回されるキャラだと感じたので、少しダウナー系の落ち着いたイメージをしつつ、相棒ポジっぽい黒髪ロングパッツンで目新しさを目指しました。あほ毛の有無はお任せしてお渡しした結果、あほ毛有りが採用されたみたいですが、チョンボが乗る兼ね合いでデザインしたものより少し小さくなっています。

## チョンボ

**COMMENT from 春場ねぎ**

チョンボがいちばん悩みました。与えられた情報が麻雀の妖精でチョンボという名前のみだったので、無限の可能性がありました。結果として、チョンボという語感にピッタリの見た目になったと自負しています。ただ、声は流石に予想外でした。このフォルムならではの「スズメ」や「焼き鳥」などの流れが生まれてうれしかったです。

## 河東ぱい

**COMMENT from 春場ねぎ**

ぱいは「ゆるふわ」「ほんわか」を外れないようにデザインしました。裏テーマは万人受けする女の子です。性格は天然系っぽい発注がありましたので、少し隙を感じる見た目になっています。ぱいという名前に恥じないスタイルにしようか悩みましたが、これ以上は好みが分かれそうなので、他の子と足並みを揃えるぱいになりました。

## 徳富 泉

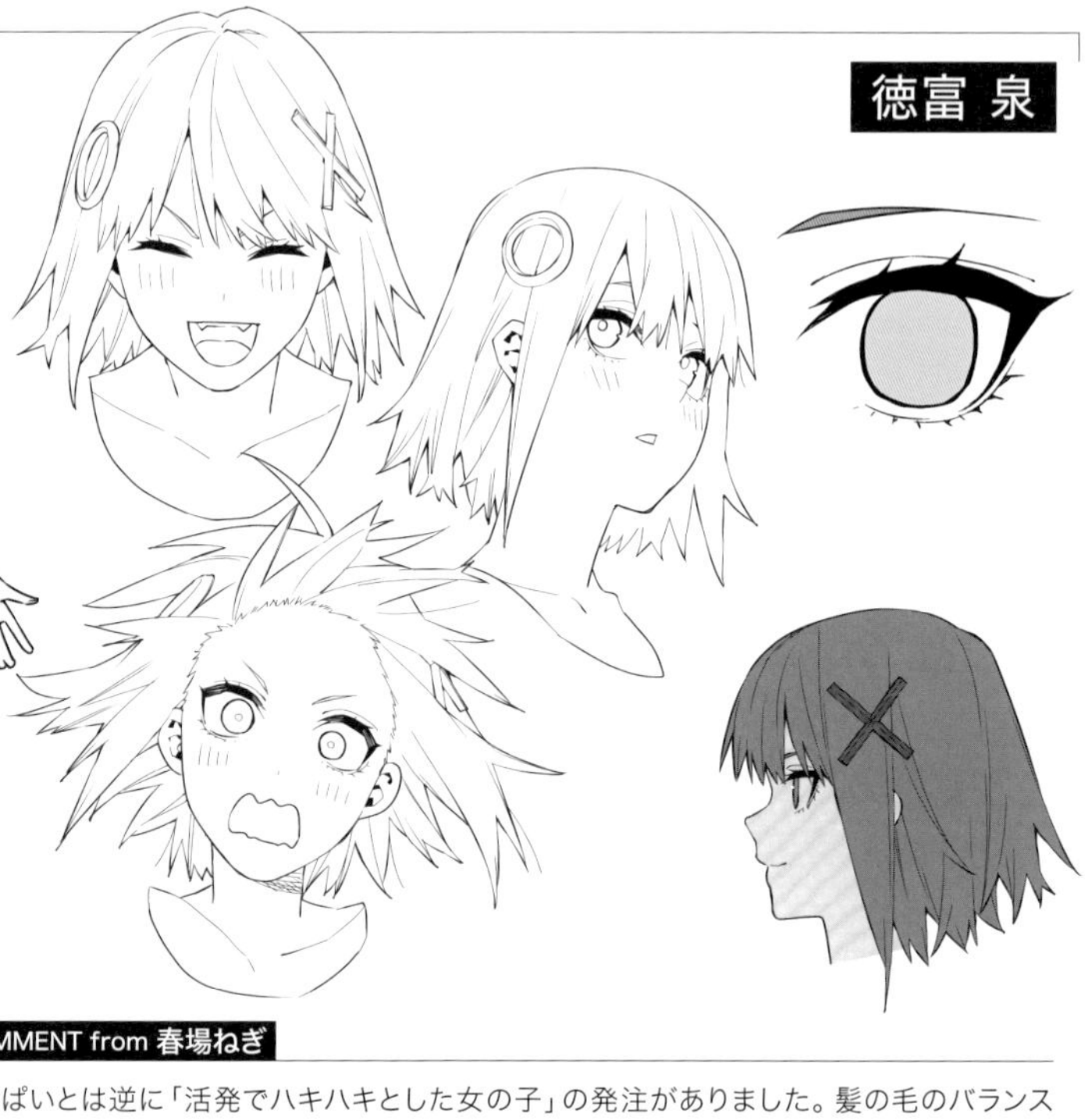

**COMMENT from 春場ねぎ**

泉はぱいとは逆に「活発でハキハキとした女の子」の発注がありました。髪の毛のバランスが難しく、少しズレてしまうとショートのような印象になるので気をつけました。性格がサッパリしている分、衣装は他の子より身体のラインを出し、友達のような距離感だけどしっかりヒロインを目指しました。麻雀は二者択一の場面によく会うので、そのときの脳内イメージがヘアピンとなって具現化しています。

## 林リーチェ

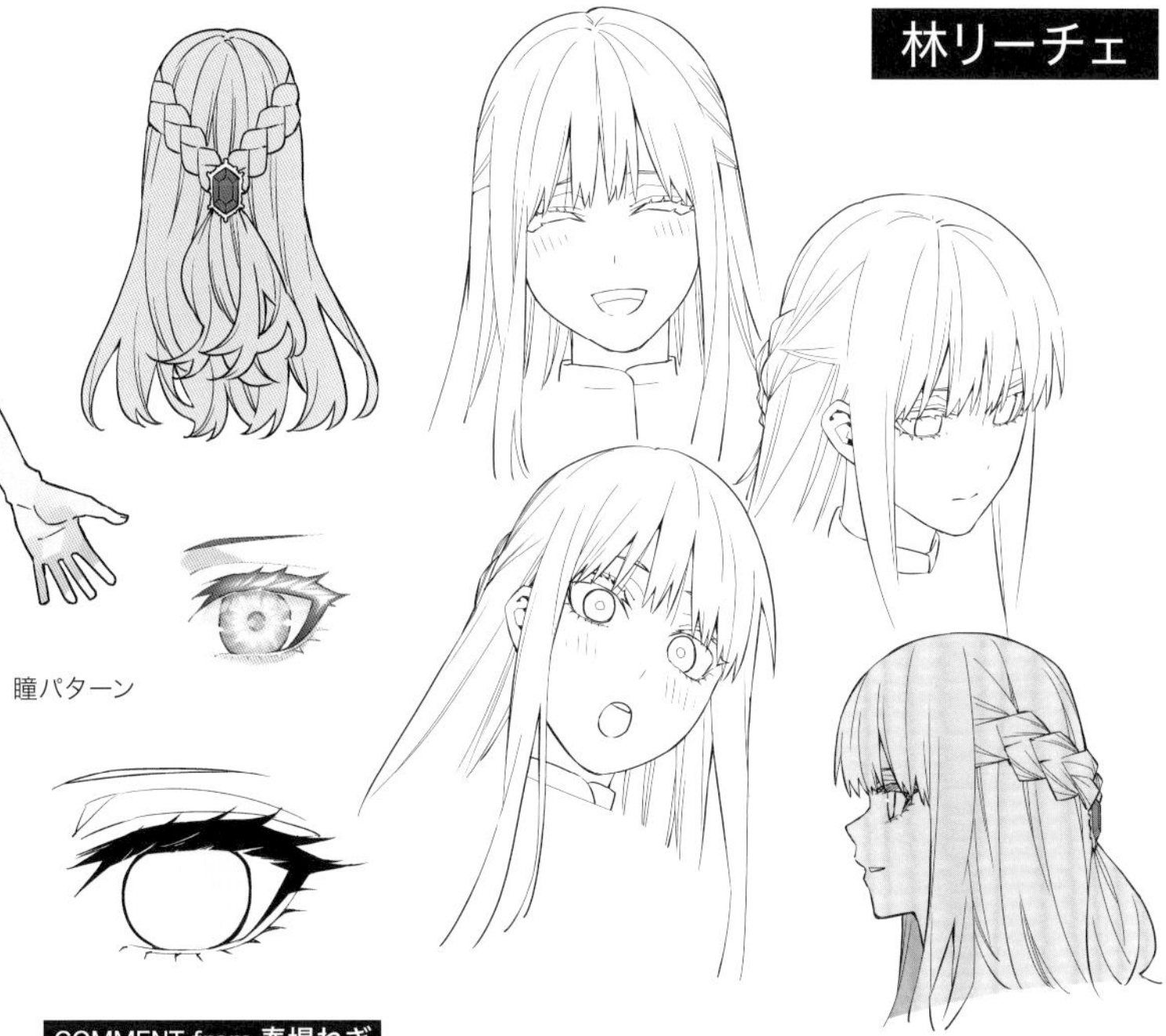


**COMMENT from 春場ねぎ**

リーチェは5人の中でいちばんトリッキーなキャラになるだろうと予想してデザインしました。清楚なお嬢様という要望から遠ざからないレベルで現実離れした見た目になっています。特徴的な白髪は後ろでも結んで赤いアクセサリーをつけていますが、薄目で見るとリーチ棒に見えるといいなと思い、つけました。

## 江見 跳

跳のみ原案がふたつ描かれ、両方の良いところ、アニメにしやすいところをミックスして最終的なデザインが生み出された。

**COMMENT from 春場ねぎ**

跳は「パンク少女」と書いてあったので、日常でもあり得るくらいのパンクのラインを探しました。パンクではないですが、角のような髪留めがお気に入りです。髪の毛はメッシュとインナーカラーの2択を描きましたが、採用されたのはメッシュのほうでしたね。この見た目で内気だと可愛いなと思いながら描いたので、登場回を見てひとりで頷いていました。

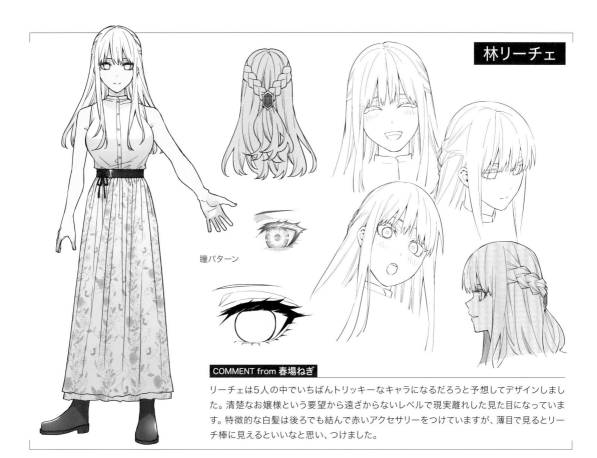

## 01

東1局（第1話）

# 麻雀をやるしかなしこちゃん

### DIRECTOR'S COMMENTARY

オリジナル作品の第1話は伝えるべき情報が多いので、面白さ優先の絵面を作るのに苦労しました。力を入れたのは、リーチェの登場シーンですね。夕陽でエモーショナルにして、いい感じの次回への引きになるようにしました。現代の日常を描く本作で、突拍子もないシチュエーションで絵作りをすると、視聴者やスタッフに「こういうことをしていい作品なんだ」と捉えられてしまいます。だから「都合が良すぎる感じはするけど、こういうシチュエーションもあるかもしれない」と思える表現に留めることは意識していて、上手くできたと思います。

また、最初に自分で絵コンテを書いた回でもあります。通常のアニメは、1話につきカット数が300、コンテのページ数は100くらいだと思いますが、カット数は平均的なのにページ数は通常の1.5倍くらいになりました。スケジュールなどの都合で演出までは自分でできなかったので、絵コンテを見るだけで「以後の回も含めて、最低限、ここまでは描いてほしい」というのが伝わるよう、芝居を多めに描いた結果です。この作品は日常ものなので、キャラクターの芝居や動きは、省略しようと思えば、かなり省略できてしまうんです。これに伴って、動画枚数もかなり多くなっております。（南川）

脚本／南川達馬　コンテ／南川達馬　演出／髙橋 優
作画監督／大田謙治、吉田満智子　総作画監督／大田謙治

**登場する書籍は実在のもの**

登場する麻雀関連の書籍は、すべて実在のものになっている。この回でなしこが読んでいたのは、麻雀マンガで有名な片山まさゆき氏の著作。

**駅前港湾緑地**

序盤でなしことぱいが会話していた場所は、尾道駅の南側にある広場のベンチ（→66ページ）。つまり、彼女たちは家→駅前→雀荘と移動している。

## 02

### 東2局（第2話） 4人揃った

**DIRECTOR'S COMMENTARY**

早々に人（リーチェ）が増える回ですね。4人が揃って、視聴者にも説得力がある状態で麻雀を打てるようになるので、とくに麻雀要素で楽しめる話になるよう頑張りました。制作者としていちばん見てほしいのは、アバンでやる「ツバメ返し」というイカサマの再現度です（笑）。小島武夫さんという、伝説の方のイカサマなんですけど、資料映像を調べたら、本当に鮮やかな手つきなんです。見応えのあるアクションなので「可能な限り再現しよう」と思って、アニメで細かい手の動作を描くのはすごく難しいんですけど、資料映像を元に描いてもらいました。劇中の麻雀で手元を動かす部分はフル3Dで作っていて、それが最初に出るシーンなので「麻雀の手つきは、今後もこれだけのクオリティで見せていきます」ということを示す狙いもあります。

それから、ぱいがリーチェに「期待外れだった？ こんな麻雀でも大丈夫だった？」と聞くシーンがあるのですが、あれは僕らから視聴者に対する問いかけでもありました。「麻雀はふざけることもあるし、毎回必ずやるわけでもない」という作品のコンセプトを伝えていて、リーチェは「はい！」と答えていますけど、視聴者の皆さんはどうだったでしょうか。（南川）

脚本／南川達馬　コンテ／清水 聡　演出／髙橋知也
作画監督／加藤 壮、杉山直輝　総作画監督／大田謙治

**「ぽんぽん」からの眺め**

劇中でリーチェが「ここからは遠く、海も見えるのですね」と語っている「ぽんぽん」の周囲は、64ページの美術設定で見ることができる。

**夢のシーンのオマージュ**

各話のアバンは、大半が何かのオマージュになっている。監督が名前を挙げた小島武夫氏は、日本プロ麻雀連盟の初代会長を務めた伝説的雀士。

# 03
## 東3局（第3話）ご飯を食べよう

**DIRECTOR'S COMMENTARY**

4人が揃って「これからどうするの？」みたいな回で麻雀をしないという、振り切ったことをしています（笑）。この回のメインは料理ですね。アニメの料理って、作画のクオリティが必要なのですが、予想以上のものが上がってきました。アニメーターさんの力ですね。包丁を使うときの動きも丁寧だし、ニンジンの質感も料理アニメかと思うくらいで、もう感無量でした。じつはひとつミスがあって、刺身を食べるシーンに醤油が出ていないんです。僕も途中で気づいたのですが、作り直せないタイミングだったので「美味しい魚は塩でも食う、採れたてなら何もつけなくても食える」みたいなイメージで押し通しました（笑）。

また、アバンでひとネタをかまして本編で回収するという展開も、ここからシリーズ化していきます。この回で扱った元禄積《げんろくづ》みというイカサマは、小島武夫さんの動画を元にしています。若い世代の人は、麻雀をやっていても、小島さんを知るところまではなかなか行かないと思うので「そういうすごい人が、麻雀の歴史にいるんだよ」ということを知ってほしくて、リスペクトを込めて再現しました。イカサマを肯定するつもりはないのですが、映像を見ると、技術として純粋に美しいんです。（南川）

脚本／南川達馬　コンテ／ウシロシンジ　演出／深沢幸司
作画監督／三好智志　総作画監督／永野佑貴

**カレーと刺身の組み合わせ**

「これの発案は僕です。一般に変とされる料理の組み合わせをする人は、僕を含めて普通にいると思って、共感してもらえるかなと」（南川）

**尾道本通り商店街**

なしこたちが泉の母と会ったのは、尾道駅近くの商店街（→66ページ）にある酒屋さんの前。商店街には第12話でも訪れている。

## 04 東4局（第4話）ギガが減る！

### DIRECTOR'S COMMENTARY

『雀魂』回ですが、じつはゲーム画面を直接、使用しているわけではないんです。ゲームをそのまま撮影しても、アニメーション的に都合のいいタイミングで動かせないですし、手牌をシナリオに沿うように揃えることもできません。だから、『雀魂』のグラフィック素材をパーツ単位でいただいて、それを組み合わせてゲーム画面を作るという手順を踏んでいて、厳密には本当のゲームとは動きが違うのですが、ほぼほぼ同じに見えるように作ることができたと思います。正解があるものに合わせないといけないので、すごく大変な作業でした。

　印象に残っているのは、リーチェと跳の駆け引きで、ここはきちんと牌譜を組んでいます。本作のプロデューサーであるOLMの井上たかしさんが麻雀に詳しくて「この点数だったらこう考えるから、相手の捨て牌からこういう風に読めるはず」という原案を出してくれて、それをもとにOLMの制作さんたちが説得力がある牌譜を作ってくれました。これを忠実にアニメ化するのがまた大変だったのですが、映像では一瞬で消化されてしまうのが悲しいですね（笑）。テンポよくスパッスパッと見せていますが、一時停止して手牌をよく見てもらうと、考え抜かれた展開になっています。（南川）

脚本／南川達馬　コンテ／川石テツヤ　演出／佐土原武之
作画監督／飯飼一幸、川島明子、古池敏也、白石 悟、高橋紀子
総作画監督／三島千枝

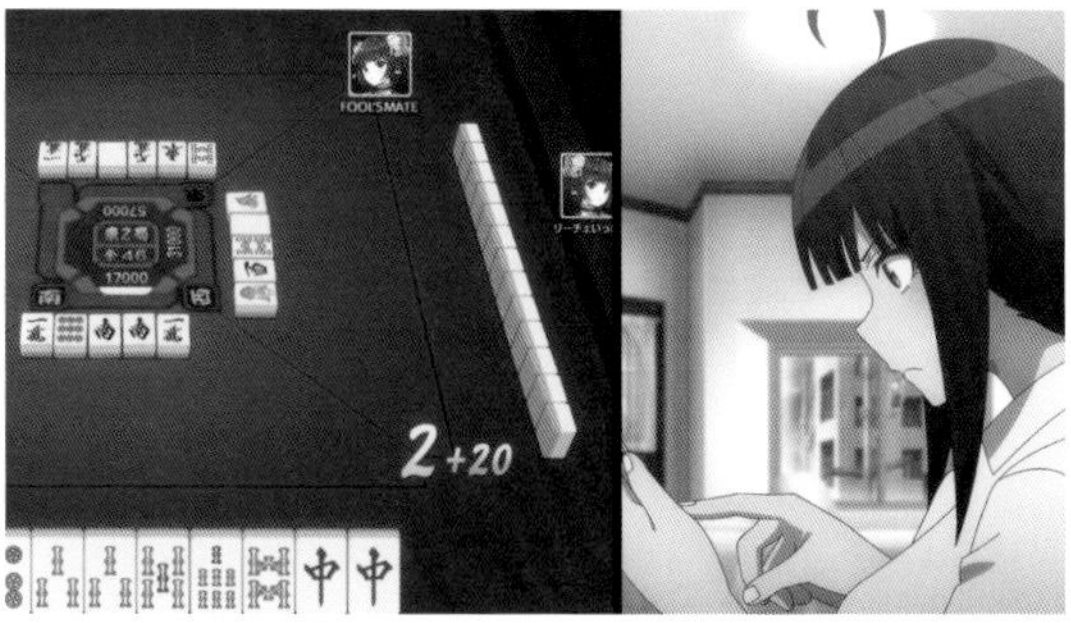


『雀魂』のキャラ、一姫《いちひめ》のボイス

この回には一姫役の内田真礼がクレジットされている。「新録音ではないので、キャストと協力のどちらに載せるか悩みました」（南川）

オンライン麻雀ゲーム『雀魂 -じゃんたま-』

この回でなしこたちがプレイしていた『雀魂』は、スマホやPCで手軽に麻雀対戦が楽しめるアプリ。公式サイトはhttps://mahjongsoul.com/。

## 05

## 東5局（第5話） 奴がきた！

### DIRECTOR'S COMMENTARY

初めて全員が揃う回なのに、また麻雀をしないという（笑）。ここでやらなかったのは第4話の麻雀シーンにリソースがかかったので、現場の負担をコントロールする意味合いがありました。第6話でまた麻雀をするので、ちょっと休憩という感じですね。尾道のキャンプ場でバーベキューをするという、ご当地紹介みたいな内容ですが、彼女たちが会話するきっかけになる催しなら何でもよかったので、バーベキュー以外の案もありました。

この回もまた、料理の作画がいいです。クーラーボックスの魚をはじめ、とくにニンニクの質感がすごいですね。アニメーションで、白い塊に焦げ目だけをつけて立体感を出すというのは相当な作画力がいるんですが、まあ綺麗にできています。視聴者の皆さんはとくにニンニクに注目して見てはいないと思いますが（笑）、絵が上手くないと見ていて引っかかってしまうはずなので、スッと見られるのは、いい出来だった証拠だと思います。演出さんもとても優秀な方で、すごく丁寧に芝居を作ってくれて、綺麗にまとまったいい回ですね。セリフにはすべて意味を持たせていて、最後になしこが「次は山じゃ！」と言っているのが、ちゃんと次回への振りになっています。（南川）

脚本／南川達馬　コンテ／山口健太郎　演出／日下部優樹
作画監督／桝井一平、清水恵三、杜 林桂、HAN SEUNG HUI、カオンヌリ　総作画監督／大田謙治

**リーチェのアカウント**

第4話と第5話で出てきたリーチェのアカウントは、実際に制作された。アドレスはhttps://www.instagram.com/hayashiriche/。

**尾道市マリン・センター**

バーベキューをした施設は、瀬戸内海に浮かぶ向島《むかいしま》にある尾道市マリン・ユース・センター（→67ページ）をモデルとしている。

## 06

### 東6局（第6話）合宿！

**DIRECTOR'S COMMENTARY**

麻雀あるあるのひとつとして徹夜をやりたいんだけど、未成年の彼女たちに家でやらせるのもどうかと迷って、夜中に起きていても不自然ではない状況を考えたときに、旅行をして旅館に泊まるという案が出てきました。ロケハンがいちばん活きた回ですね。尾道の再現度はこだわっていて、現場には「遠近感と距離感をしっかり出してください」とか「岩の質感も大事ですよ」と口酸っぱくお願いしました。千光寺などは他のアニメ作品にも出ていますが、本作では2022年に行ったロケハンをベースに最新の景観から映像を起こしているので、聖地巡礼をしてくれた人も舞台をリアルに感じていただけたかと。デジタル技術が進歩して過去の作品に比べてディテールがはっきり見えるようになったので、最近では、たぶん尾道をいちばん鮮明に写したアニメーションになっていると思います。

夜の麻雀シーンでは、徹夜で麻雀をしたときのあるあるを調べたり、あちこち聞いて回ったりして、リアルな奇行を目指しました（笑）。エナジードリンクを飲んだり、誰かが先に寝ちゃったり、手癖で牌を変な風に並べたりとかですね。皆さんの感想をちょっと見たのですが、共感してくれる人が多くて、上手くいったと思います。（南川）

脚本／南川達馬　コンテ／髙橋 優　演出／髙橋 優
作画監督／吉田満智子、加藤 壮　総作画監督／永野佑貴

### ロケハンルートが劇中ルートに

ロケハンでのルートが、ほぼそのまま劇中での観光ルートになった。「実際に、なんとか一日で回れましたが、最後は足がガクガクでした」（南川）

### 尾道観光のルート

一行の観光ルートは、尾道駅→千光寺（ロープウェイで展望台へ）→温泉施設→浄土寺（徒歩で展望台へ）→温泉宿で宿泊（66～67ページ）。

## 07

### 東7局（第7話） 8月1日（ぱいの日です）

**DIRECTOR'S COMMENTARY**

水着回ですね。第6話でお風呂のシーンが短いとさんざん言われましたが（笑）、セクシャル要素で押さないという方針があるので、わざと淡白にしています。代わりにこの回は1話分まるまる水着にしました。コンセプトは、90年代のバラエティ番組。ビーチでいろいろやって、最後は過程に関係なく結果が覆るという（笑）。ゲームのルールは僕が考えたのですが、ちょっと大変でした。麻雀のメンツを揃えるビーチバレーは、よく考えると鬼畜なルールで、最後の1個は必ず「ここだけ守ればいい」となるので、圧倒的に守りやすくなるんですよね。だから普通にやっていると、最後はどちらも決められず、リーチェの言葉通り「力尽きるまでお互い頑張りましょう！」となってしまいます。そこで運動音痴の跳がミスをして終わる流れにしたのは、ぱぱっと勝負をつけたかったのと、あとはバラエティのオチっぽいと思ったからです。

アバンに出てくるのと、なしこが砂山くずしで思いつくのはキャタピラーという麻雀のイカサマで、とあるアニメのオマージュです。なしこがバツの悪い顔になっているのは失格になったからですが、アバンのネタ回収としては弱いという、僕の意識のあらわれでもあります（笑）。（南川）

脚本／南川達馬　コンテ／川石テツヤ　演出／白石道太
作画監督／飯飼一幸、高橋紀子、白石 悟、五十嵐俊介、兼子秀敬、川島明子、古池敏也　総作画監督／大田謙治

**リーチェのメイドの声優**

メイドふたりの声は、主題歌を歌うプロ雀士の中田花奈と、声優の孫悦が当てた。孫は劇中の方言監修と、電動雀卓の機械音声も担当している。

**瀬戸田サンセットビーチ**

舞台となった海水浴場の場所は、瀬戸内海の生口島《いくちじま》。第5話で訪れた向島のさらに南西にあり、尾道市街からは陸路で複数の島を経由して行ける。

# 08

## 東8局（第8話）あかりをつけましょう

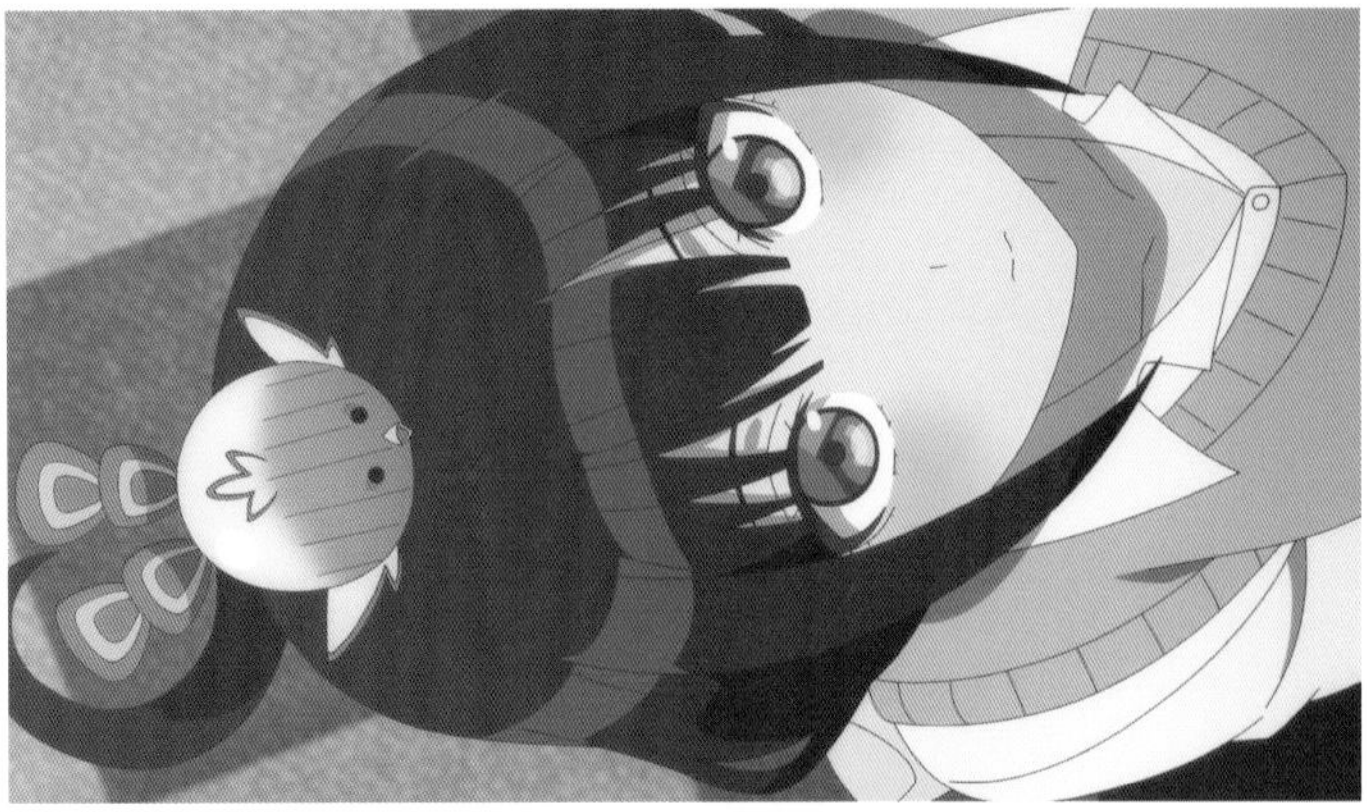

### DIRECTOR'S COMMENTARY

灯《あか》りまつりという、尾道の有名なお祭りのお話です。まず、取材ができたのが良かったですね。僕らが行く前の年まではコロナで中止になっていたので、タイミング次第ではロケハンができない可能性がありました。見てみてわかったのは、準備がすごく大変ということで、ぼんぼりを早くから置くと風で倒れたりする可能性があるので、始まる直前、1時間前くらいから一斉に設置して火をつけるんです。そうした裏方の努力を少しでも見せたいと思って、ぼんぼり作りを扱うことにしました。実際にどういう風に作るのかも、現地で取材しています。劇中のように短期間で3000個を作るのはさすがに非現実的ですが（笑）、ぼんぼりに描くネタなどは、実際もかなり自由みたいです。現地の人たちが楽しく作っている感じだったので、それが透けて見えたらいいなと思って制作しました。

灯りまつりのシーンは、ロケハンで撮ってきた写真を、そのまま背景さんに渡して作ってもらったので、再現度が高いです。撮影処理と背景の質感がすごく良くて、実際に見に行ったときと同じ雰囲気のライティングにできているのは、本当に技術職の頑張りの結果ですね。こだわって作ったこともあって、僕も気に入っています。（南川）

脚本／南川達馬　絵コンテ／ウシロシンジ　演出／伊藤史夫
作画監督／杉山直輝、吉田満智子　総作画監督／三島千枝

**灯りまつりのぼんぼり作り**

灯りまつり（→67ページ）のぼんぼり作りでなしこたちが担当したエリアは千光寺、西國寺、御袖天満宮、海龍寺、善勝寺、浄土寺など名所揃い。

**フォーコンシールドトリプルズ**

なしこと跳がお気に入りのバンドとして挙げている名前は、麻雀の有名な役「四暗刻」の英語名 Four Concealed Triplets に由来する。

## 09

## 東9局(第9話) れっつべっちゃー

### DIRECTOR'S COMMENTARY

ベッチャー祭という、尾道を代表する歴史の長いお祭りがテーマで、やはりロケハンをして設定を起こしました。鬼の面は特殊な掘りの深さで作画が大変なので「撮影張り込み」という、出来上がったお面の絵をテクスチャーにして撮影さんに手付《てつき》で張り込んでもらうアニメ現場の技術で再現しています。あのお面は本当に怖いのですが、お祭りでは、被った人がすごい勢いで迫ってくるんですよ。自分が子供だったら絶対に怖いと思って、その印象をシナリオに落とし込みました。スポットが当たる泉は、個人的に好きということもあり、絶対に崩さないよう可愛く描いています。

もうひとつの見どころは、久々のガッツリ麻雀ですね。イカサマをいっぱい入れていて、僕のお気に入りの麻雀シーンです。いいですよね、ルール無用で(笑)。玄人同士の麻雀って、ひとりが牌を切って次、みたいな感じではなく、全員が同時にすごい勢いで動くんです。それを意図的に再現していて、しかも打っている人の視点にこだわったので「どこでイカサマしたかわかるかな?」みたいな映像になっています。ぜひ見直してほしいです。3Dの動きも凝っていて、純粋にダイナミックなので、麻雀を知らない人でも楽しめると思います。(南川)

脚本／南川達馬　絵コンテ／山口健太郎　演出／角原勇輝、熨斗谷充孝
作画監督／桝井一平、野上慎也、那須野 文　原画作画監督／杜 林桂　総作画監督／永野佑貴、加藤 壮、桑原麻衣、佐藤 陵、大橋俊明

**鬼神たちの声優**

泉の夢やお祭りのシーンに出てくる鬼神は、うなり声を出すのみにもかかわらず、くじら、稲田 徹、立木文彦と豪華なキャスティング。

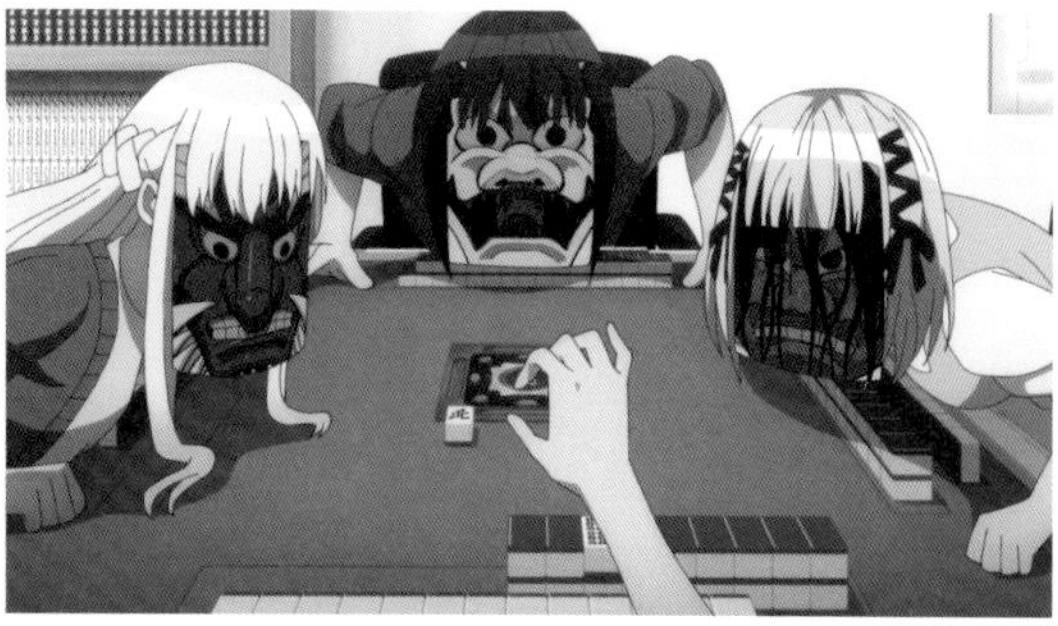

**尾道ベッチャー祭の鬼神**

尾道ベッチャー祭（→67ページ）の鬼神はベタ、ソバ、ショーキーといい、麻雀ではなしこがソバ、ぱいがベタ、リーチェがショーキーを担当した。

# 10

## 東10局（第10話） みんなのメニークリスマス！

### DIRECTOR'S COMMENTARY

クリスマスですね。ここまで来ると、12話で1年を巡るという構成が視聴者にも伝わっていたと思います。また料理をしますが、今回は逆に、屋外でかまどを作るというバラエティ番組みたいなことをやらせています。なしこたちにいじられるんだけど、何だかんだ言いつつこなしちゃうというのがポイントです。で、今回もまた料理の作画が良い（笑）。とくにカワハギの刺身が綺麗で、肝の血管までちゃんと見えているのがすごいですよね。この回のパーティーも、ある意味、ご当地要素というか地方的な要素として入れたつもりです。東京のような大都市だと、集まってパーティーはしても、チキンを屋外で焼いたりはできないですよね。そういう部分が、地方の方に刺さるかなと思っていました。

後半は麻雀になります。楽しい日常と麻雀の融合度は、この回がいちばん高いかもしれません。麻雀と料理で作画コストが大変だったのですが、すごいのが、ここに来て作画が良くなっているんです。普通は後半に行くにつれて、現場の体力は落ちるわ時間も押すわで、作画の維持が難しくなっていくのですが、このあとの2話も含めて、終盤で逆によく動くようになるという、うれしい現象が起きています。（南川）

脚本／南川達馬　絵コンテ／髙橋知也　演出／髙橋知也
作画監督／加藤 壮、豊田茉莉、五十嵐優花　総作画監督／大田謙治

**クリスマスのかぶりもの**

「パーティー感を強調するために出しました。ここでもリアリティを重視して、実際のかぶりものを調べたうえで作っています」（南川）

**刺身へのこだわり**

「刺身をよく出すのは、海産物が豊かな地域ということを表現するためです。魚の種類も、この地域で採れそうなものにしています」（南川）

## 11

### 東11局（第11話）　あけおめ！

**DIRECTOR'S COMMENTARY**

お正月回ですね。第10話と第11話で冬の行事が連続することになりますが、尾道のお正月風景を入れたいと思って、やることにしました。御袖天満宮の初詣は、僕が年末に帰省する途中、自分でロケハンに行っています。天満宮に行く道中は街灯があまりなくて、大晦日の夜の、暗闇の中をたくさんの人がゆっくり歩いているという光景が印象的でした。皆さんも、ぜひお正月に行ってみてほしいです。実際の元旦風景を撮影したおかげで再現度はかなり高くて、初日の出も、日が昇る方角に至るまで正確に、すごくこだわって描いています。

　この回でもうひとつこだわったのが餅つきマシーンで、これは僕が出したくてしょうがなかったんです。小さい頃に見た、昭和の餅つきマシーンの動きが面白かったのをよく覚えていて、それをみんなに知ってほしいと思い、忠実に再現しました。最初は米の塊がグニグニと、ちょっと気持ち悪い感じで動いて、最後はガタガタッって荒ぶるんです。今の餅つき機はもっとスマートになっていて、あんな動きにはならないですからね。作りが単純な分、壊れにくいはずなので、現役なものもあると信じていて、今も使っている人には共感してもらえると思っています（笑）。（南川）

脚本／南川達馬　絵コンテ／清水 聡　演出／髙橋 優
作画監督／朴 佳蓮、曺 暻柱、徐 允珠、崔 秀鎭　総作画監督／三島千枝

**ブー麻雀**

跳の「早上がりが有利」という言葉を受けて泉が口にした「ブー麻雀」は、麻雀の形式のひとつ。関西発祥と言われており、決着がつくのが早い。

**御袖天満宮《みそでてんまんぐう》**

御袖天満宮（→67ページ）は、映像作品の舞台になることも多い場所。劇中ではその正月風景が、売店の位置に至るまで忠実に再現された。

## 12

### 東12局（第12話） 雀卓の娘たち

**DIRECTOR'S COMMENTARY**

初めてトラブルが起きて、麻雀をするきっかけになった雀卓にスポットが当たる話です。この作品は基本、喜怒哀楽の哀はなくす、怒もギャグでしか出さないというコンセプトで作っていますが、ここで初めて哀に近い表現をしました。哀まではいかないけれど、笑顔が消える感じですね。露骨に悲しませればわかりやすくはなるのですが、雀卓がなくなっただけで大げさに嘆くのはリアルじゃないと思うんです。雀卓をすぐには直そうとしないところとか、彼女たちの反応のリアルさは重視しています。

テーマは、電動雀卓がない状態で、彼女たちはそれでも麻雀をするのかという、ちょっとシリアスなものです。何がきっかけでこれまでの人間関係が築けたかというと、雀荘という場所が大きいわけです。場所があってこそ、という点は伝えたかったですね。一方で麻雀は、じつはなくてもいいのかもというところに触れていて、自分たちが作った話を自ら否定することになりかねない、けっこうピーキーな話です。でも、やっぱり麻雀がしたいということになって、なぜかというと、単純に面白いし、ないと物足りないね、という感覚で描きました。麻雀が生活を豊かにします、みたいな感じで、うまく締めたつもりです。（南川）

脚本／南川達馬　絵コンテ／清水 聡　演出／南川達馬
作画監督／吉田満智子、三好智志、杉山直輝　総作画監督／大田謙治、加藤 壮

**ラストに登場する女の子**

「実際に続くかはわかりませんが、続くかもと匂わせるために出しました。番組の最後に出る『おしまい』にも？を付けています」（南川）

**電動雀卓のリアリティ**

雀卓については大洋技研の協力のもと、内部構造から出張修理の流れに至るまでリアルに描かれた。修理に来るキャラも、実在の社員がモデル。

# 美術設定

このページでは作品の美術設定を、ヒロインたちに密接に関わる場所に絞って紹介しよう。とくに私室の設定は、映像では見ることができない部分まで描かれており、必見だ。

## 雀荘ぽんぽん

「ぽんぽん」の立地は、海岸線から一段高くなったエリアの車道沿いと設定されている。南側には視界を遮るものがなく、窓からは瀬戸内海に浮かぶ向島が見える。当初、屋内にはダンボールがうずたかく積まれていたが、なしこたちによって整理された。

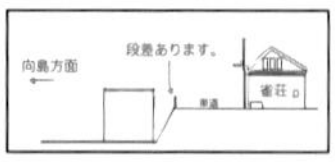

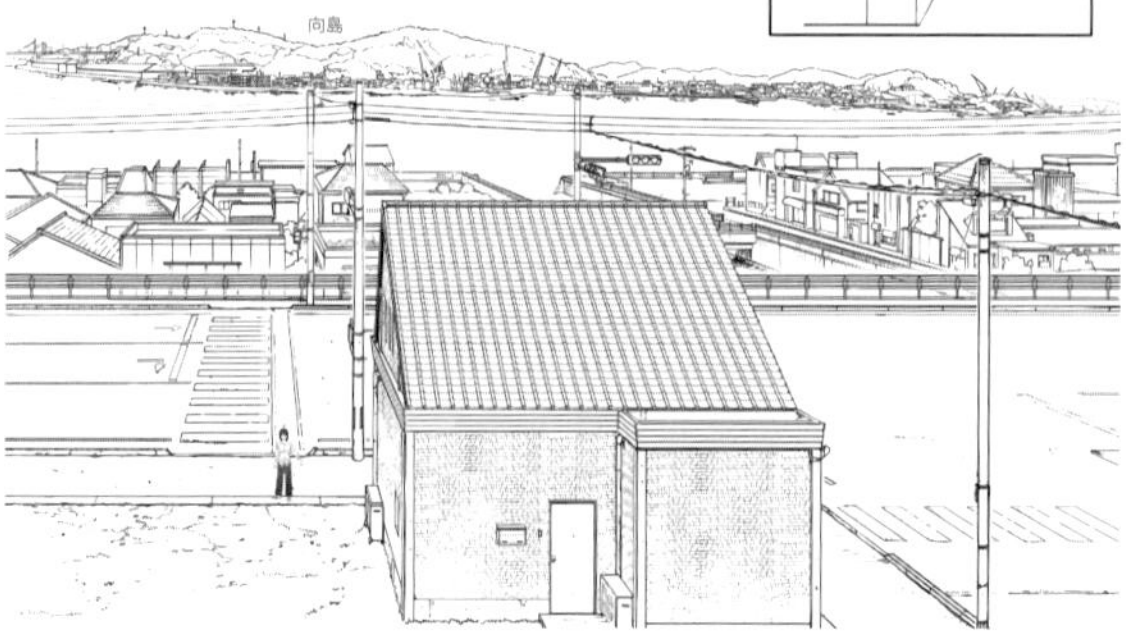

## ヒロインの私室

### 十返舎なしこ

ヒロインたちの私室は、主に各話の冒頭、彼女たちが夢から覚めるシーンに登場している。この場面ではベッドの周辺しか見ることができないが、じつは設定ではより広い範囲が描かれており、それぞれの個性が表れたインテリアを見ることができる。

私室を描いたカットは、各話の冒頭を除くとかなり少ない。画面に出てきても一部分しか映らないため、全体の様子が確認できる設定画は貴重。

### 徳富 泉

### 河東ぱい

### 江見 跳

### 林リーチェ

# ぽんのみち×尾道
# 舞台百景

本作の舞台である尾道は、広島県の情緒豊かな港町。景勝の地で、映画やアニメの舞台になることも多い。ここでは、なしこたちが訪れた名所の数々を紹介しよう。

[尾道駅]

1 2 尾道駅（第1話他）／瀬戸内海の「尾道水道」と呼ばれる狭隘部に面して建つ、JR山陽本線の駅。第1話をはじめ、多くのエピソードに登場している。
3 駅前港湾緑地（第1話他）／駅の南側は広場として整備されており、尾道水道に沿ってウッドデッキが敷設されている。

[商店街・観光施設]

1 2 温泉施設（第6話）／温泉を楽しめる宿泊施設などが、市街にも郊外にもある。3 尾道本通り商店街（第3話他）／尾道駅近くに位置する、全長約1.2kmの大規模な商店街。「芙美子通り」「中商店街」「本町センター街」「絵のまち通り」「尾道通り」の5つの商店街で構成される。

ART WORKS

[寺社]

1 千光寺(第6話他) 2 浄土寺(第6話他) 3 西國寺(第8話)/市街の周辺には名刹が多く、中心的な七ヶ寺を巡る「尾道七佛めぐり」という企画もある。なしこたちが訪れたお寺は、いずれも七佛に含まれる。4 5 御袖天満宮(第11話他)/菅原道真を祀る神社。映画のロケに使われたことがある。

[瀬戸内海の島々]

1 尾道市マリン・ユース・センター(第5話)/向島の複合アウトドア施設。2 瀬戸田サンセットビーチ(第7話)/生口島にある海水浴場。3 尾道大橋・新尾道大橋(第5話)/本州と向島を結ぶ橋。向島と生口島はいずれも尾道市に属する島で、自動車道「しまなみ海道」でつながっている

[祭事]

1 尾道灯りまつり(第8話)/参道や境内に多数のぼんぼりを灯す催し。例年10月に行われている。2 尾道ベッチャー祭(第9話)/毎年11月1~3日に行われる伝統行事。3日目には、ベタ、ソバ、ショーキーという鬼神と獅子が町を練り歩き、御利益があるという道具で子供をたたく。

STAFF INTERVIEW 1

MINAMIKAWA TATSUMA
DIRECTOR & SCRIPT

# ［監督＆脚本］南川達馬インタビュー

## 打ち上げの飲み会から始まった企画

— まず、監督を務めることになった経緯をお願いします。

**南川**　僕が監督をした『炎炎ノ消防隊　弐ノ章』の打ち上げで、MBSの亀井（博司）さんと講談社の立石（謙介）さんが、酔っ払った勢いだと思うんですけど「オリジナルのアニメをやりたいですよね」と言ってアイデアを話し始めたんです。その流れで「監督、できますよね」と言われて、本当にやるとは思っていなかったので、軽い気持ちで「やるなら全然いいですよ」と答えたら、あれよあれよという間に現実の企画になっていきました（笑）。

— 本当にやるんだと実感したのは、いつ頃ですか？

**南川**　放送が始まる1年くらい前です。すでに脚本を書くなどの仕込みはしていましたが、アニメ業界って企画が具体化しても途中でぽしゃることが多いんです。それを何回も経験してきたので、始まりが飲み会の会話だったこともあって「結局やらないんじゃないか」とずっと思っていました。実感がわいたのは制作会社など、内輪以外の人が関わるようになってからですね。

— 脚本を書くのは初めてだったとか。

**南川**　そうですね。それも先ほどお話しした打ち上げで、亀井さんと立石さんが「女子高生の日常もの」みたいなコンセプトを話していたときに「（脚）本を書いてもらう人にあらためて伝えるのも大変だし、監督、書けそうですね」みたいに振られたんです。「そのコンセプトなら書けなくはないですよ」って、これも軽い気持ちで言ったら本当に任せてもらえました。アニメーションの脚本って、セリフの行数から尺感をつかむといった独特の技術がいるんですけど、そこは演出をやっていた経験からわかっていたので、書けるという感覚はありました。それに、どうせ自分で絵コンテもやるので、最悪、絵コンテのときに調整すればいいとも思っていました。結果、読みづらいとか問題あるとか言われなかったので、OKだったんだと思います。

— シナリオは、どのように組み立てていったのですか？

**南川**　アニメーションって各話の詳細を詰める前に「シリーズ構成」という、全体の流れを決める作業をするんです。今回は大きな目的がとくにない物語なので、最初に12話で1年を巡るという構成を決めて、そこから各話で扱う季節のイベントなどを決めていきました。個々のエピソードに別案はありましたが、基本的な構成は初期から変わっていないです。

— 「尾道」と「麻雀」という要素は、最初から決まっていたのですか？

**南川**　どちらも、最初の飲み会で出ていました。尾道については亀井さんに「最近、旅行に行って、いいところでしたよ」と言われて、さすがにそれだけで決めるわけにはいかないのでリサーチしてみたら、景色もいいし、牧歌的で作品のコンセプトに合いそうだったので決めました。麻雀のほうは「日常系の作品で女の子に何をさせるか」という話の中で出たネタです。競技ではない、日常的に行われる雀荘の麻雀というのは、過去の作品でやられていないからいいのではないかと。そのときに「麻雀を題材にした作品って、賭け要素があったりして殺伐としたものが多い」という話も出て、そこから「ネガティブなイメージの要素を全部排除した明るい麻雀」というコンセプトが固まっていきました。

―監督は、麻雀に詳しいのですか？

**南川**　役はわかるけど、最初の準備とか点数計算の細かいルールはわからないというレベルです。必要になったら調べればいいと思っていましたし、亀井さんや立石さんが詳しいので、玄人的な知識が必要になったら聞こうと思っていました。

―麻雀と日常系が作品の二本柱だと思いますが、まったく麻雀をしない話もあったりして、両要素のバランスが独特という印象を受けました。

**南川**　そこは1話単位ではなく、12話のトータルで麻雀の尺と日常の尺のバランスを考えて作っています。本当は半々がよかったのかもしれませんが、麻雀のシーンはアニメーションの制作コストが高いですし、現場の全員が麻雀を知っているわけではないので、制作に時間もかかるんです。そうした負荷を考えると、麻雀はトータルの3分の1くらいしか入れられないだろうと考えて、そこから何話でどれだけやるかを決めていった感じです。

―雀荘という舞台にスポットを当てている印象もあって、麻雀ものであると同時に「雀荘もの」というイメージがあります。

**南川**　僕たちの認識もそうです。雀荘に行かない人は知らないであろう知識を入れたり、電動雀卓などの雀荘の道具に詳しく触れているのは、そのためです。

## なしこは理想の友達像から着想

―ヒロインが5人というのは、最初から決まっていたのですか？

**南川**　そうですね。まず、麻雀をやるためには4人が必要で、さらにあとからひとり出したいという話は、最初に立石さんたちからありました。

―5人のヒロインは、どのように生み出していったのですか？

**南川**　まず、日常ものというジャンルで主人公はどういう性格がいいかを考えて「僕が高校生の頃に、友達にいたらいいなと思ったであろう女の子」という考え方でなしこを作りました。僕が作るので、どうしても男目線は入ってしまいますが、自分が女の子でも楽しくやれそう、という理想を描いたつもりです。そこからは順次、キャラクター性がかぶらないように決めていきました。最初に決めたのはぱいです。こういう作品なので、いわゆる可愛い子は必要だけど、なしこはそういう方向ではない。じゃあ「王道の可愛い子」を作ろうと。

―ぱいは人気が高いと聞いています。

**南川**　それはよくわかる話で、理想で描きやすい女の子なんです。ただ、可愛いだけだとリアルな感じにならないので、別の側面も足そうということで、活発なところや体力があるところを見せました。

―次は泉ですか。

**南川**　はい。いちばんわかりやすい可愛い女の子ができたので、じゃあ次は元気な子が欲しいということで、ショートヘアで活発で、いかにもハキハキした感じで……まあ、ハキハキしているのは結構みんなそうなんですけどね。

―たしかに、そうですね。

**南川**　実際の女の子は、そんなに女々しくナヨナヨしていないと思うので、そういう部分は意識的に排除しています。泉は、活発なんだけど家庭的なこともできるというキャラですね。次のリーチェは、ここまでの3人とは経済的な面で住む世界がちょっと違う子というのが根幹です。広島って私立の名門女子校がありますし、瀬戸内には大きな財閥があるので、現実に即して見ても、すごいお嬢様がいてもおかしくはないかなと。あと、合宿やビーチに行くときに、みんなのお小遣いでも行ける範囲ではあるのですが、経済的なバックボーンがあると無理なく行けますよね。お金を理由に移動に制限をかけるのは嫌だったので、そこを解決してくれる存在が欲しかったというのもありました（笑）。で、ここまでキャラを設定してきて、麻雀に関連する要素がないという話になりまして……。

―麻雀が個性のキャラを出そうと。

**南川**　そうそう。ガチ勢もいないとストーリーが組み立てづらいし、会話も広がらないということで、跳が出来上がりました。出てくる順番は「普通から離れた人をあとから出す」というコンセプトで決めています。あとは、5人が簡単に集まれると麻雀でひとりがあぶれてしまうから、リーチェと跳は意図して遠方に置きました。

―チョンボを登場させた理由は？

**南川**　主人公を麻雀に誘導するために置いたというのが大きいです。未経験者が、麻雀牌があるだけで「麻雀やろう」となるのは現実的ではないから引率役が欲しくて、それならいっそ主人公にだけ見えるファンタジー要素にしてしまってもいいかなと考えました。僕としては「不思議な生命体がパートナーにいる主人公」という、ジュブナイル小説みたいな思考で設定しています。ただ、終わってみると、他の部分はリアルにできていたので、ファンタジーのキャラクターが1体だけいるというのは失敗だったかもしれません。

―ちなみに、みんな「スズメ」と言いますけど、あの外見はスズメではないですよね？

**南川**　なしこにはあの姿で見えているけど、他のキャラには普通のスズメに見えている

という設定です。

――最終回に登場する女の子についても聞かせてください。

南川　大田（謙治）さんに僕からコンセプトを伝えて、他の5人といても違和感のないデザインで描いてもらいました。キャラの作り方は、これまでの5人と一緒で「他とかぶらせない」という考え方です。なしこたちはみんなナヨナヨしておらず、何かに依存せずにひとりで生きていける子たちなので、年齢を少し下にして、弱々しいところもありそうな感じにしました。

## セクシャルな要素を排除する苦労

――リーチェと跳は、結局、最後まできちんとした対局はしませんでしたが、どちらが強いというイメージはありますか？

南川　麻雀って単純には強弱をつけづらいので難しいのですが、トータルでは跳が劇中最強です。いつも、実力が発揮できない状況を作られて茶化されているから力が発揮できないですけど、それでも勝てるという強さは後半の話で見せています。

――リーチェとの再戦を描かなかったのは、何か理由があるのですか？

南川　最後のほうにやるという考えも最初はありましたが、そうすると終盤に主人公が目立たなくなる危険がありますし、当然、４人でやるので、他のふたりの描き方が難しくなります。それに、ふたりにがっつりスポットを当てることになるので、その分、他の回のどこかでお休みしてもらわないといけなくなるという問題もありました。

――５人の出番のバランスが崩れないように、ということですね。

南川　12話トータルで見たときに「セリフ量がひとりだけ少ない」となることは避けたくて、全員を平等に出すことは、すごく意識しました。誰が言ってもいいようなセリフは、バランスを取るため、わざといろいろなキャラに言わせています。跳が、登場してからしばらくセリフが多いのも、出遅れた分を取り返すためでした。

――キャラクターの演出で他に気を使ったことありますか？

南川　セクシャルな描写を避けることですね。見目麗しい女の子たちが出る作品なので、手っ取り早く視聴者の心をつかむのがセクシャル描写なのはわかっているのですが「ダークな要素を排除する」というコンセプトなので、邪《よこしま》な感じが出てしまう表現は極力排除しました。「これだけ胸が大きいんだから、大きな動きをしたら揺れるじゃん」みたいな場面でも揺らしていません。

――水着回も健康的な印象でした。

南川　胸のどアップは1カットもないですし、お尻のカットもないです。これを徹底するのがじつは難しくて、みんなセクシャルに描いてしまうので、だいぶ描き直してもらいました。そういうサービスをする習慣が根付いてしまっているので、払拭するのはなかなか骨が折れますね。同じような話は麻雀のシーンにもあって、そもそも麻雀の場面ってあまり動かないから、見ていて楽しい映像にするのが難しいんです。そうすると「胸が大きいキャラなんだから、そこを映せばいい」という発想が当然出てきます。今回は「結果的に映るのはいいけど強調するのはダメ」というルールにしましたが、アングルの制限をしているのと同じなので、大変な作り方ではありました。

――麻雀シーンの見せ方で、他に意識したことはありますか？

南川　視聴者の共感が得られる映像にすることを重視していて、それにはアニメ的に都合のいいアングルではなく、実際に見る風景に近いものを見せるのがいちばんだと考えて、麻雀が好きな人がよく見るであろう、ＹｏｕＴｕｂｅのＭリーグ動画のカメラ位置や画角を参考にしました。もちろん、実際に麻雀をやるときの視点や、勝負を傍《はた》から見ている視点でも見せていて、いずれもそこにいるように感じられるアングルと距離感を意識しています。たとえば、観戦するときは雀卓の角から見ることが多いはずなので、その方向から、人の身長くらいの位置にカメラを固定するといったことをしました。

――視点ひとつとっても、そこまで考えて決めているんですね。

南川　本当は、こういうことは言わないほうがいいかなとも思いますし、演出の打ち合

PROFILE

**南川達馬（みなみかわ たつま）**

フリーの監督、演出家。代表的な監督作品は『劇場版FAIRY TAIL -DRAGON CRY-』『波よ聞いてくれ』『炎炎ノ消防隊 弐ノ章』『ひきこまり吸血姫の悶々』。

わせをするときも、聞かれなければ言わないのですが、全部が終わったあとだからまあいいかなと（笑）。視聴者の方には、なんとなく楽しいと受け取ってもらえればいいのですが、適当にやって偶然この映像になっているわけではなくて、じつは技術的に考えてやっているのはたしかです。

## チョンボ役決定までの意外な経緯

――声優はどのように選んだのですか？

**南川**　ひと通りの感情のセリフをチョイスしてオーディションをしました。送られてきたテープを聴かせていただいて、キャラクターの性格に合うかどうかで選んでいったのですが、他の審査の方々も、だいたい同じ人を選んでいたんですね。それは、みんなのイメージに合っていたということなので「じゃあ、これでいいですね」とスムーズに決まりました。基本的には直感で選びましたが、性格設定と一緒で、キャラ同士で声が似てしまわないように意識しています。それからクスッと笑えるような何気ないセリフを、どれだけナチュラルに、これ見よがしではない感じで面白く言えるかというのは、選考基準としてありました。

――チョンボのキャスティングが注目を集めました。

**南川**　あれはもう、偶然の賜物です（笑）。チョンボはお笑い要員なので笑わせなければいけないのですが、セリフ自体が面白いわけではないので、芝居だけで笑わせる必要がありました。それができる人というオーダーで音響制作の人に候補を出してもらったら、くじらさん、千葉繁さん、速水奨さんといった、そうそうたるメンバーが並んでいて……（笑）

――すごいですね（笑）。

**南川**　「これは悩ましいぞ」となったんですけど、じつはこのリストに大塚明夫さんはいなかったんです。ところが、オーディションのテープデータをもらったら、なぜか大塚さんが増えている（笑）。事情を聞いてみると、所属している事務所がヒロインのオーディションテープを送るときに、たまたま大塚さんが通りかかって、麻雀アニメというところに興味を持って、呼ばれていないのにチョンボを録音してくれるという、奇跡みたいなことが起きたそうなんです。そのテープを聞いてみたら、実際ハマっていて、とても面白い。ただ、普段とは全然違う感じの声で、無理して出しているとしたら12話もつのかという懸念があったので、確認したら「大丈夫です」という話で「じゃあ、もう大塚さんで」となりました。オーディションをお願いした皆さんには、結果的に候補に入っていなかったダークホースにさらわれるかたちになってしまい、申し訳なかったです。のちに、ベッチャー祭の鬼のひとりをくじらさんにお願いしまして、ご一緒できてうれしかった反面、「ごめんなさい」という感じでいたたまれなかったです（笑）。

## 作品を一から作れたことがうれしい

――作り終えての感想はいかがですか？

**南川**　オリジナルの作品を監督できた、しかも世界観、設定、キャラクターなどの根幹から考えて作れたというのが、本当にうれしいですね。日本のアニメーション制作では、オリジナル作品でもだいたい誰かが原案を考えていたり、脚本はすでにあるという状態から始まります。根幹から練っていくのは、時間がかかってしまうので難しいんです。そんな作り方をまさか自分ができる機会があるとは思っていませんでした。しかも、制作進行もスムーズで、綺麗なかたちで終われました。今後、こういうオファーはまずないと思うので、自分にとって特別な作品であり続けるでしょうね。酔っ払いのおじさんたちのおかげです（笑）。飲みの席の雑談から始まった企画ですが、それを方々に手を回して着実に現実にした亀井さんや立石さんは、とんでもない敏腕だと思います。本当に感謝しています。

# STAFF INTERVIEW 2

OTA KENJI
CHARACTER DESIGN

［キャラクターデザイン］
# 大田謙治インタビュー

**PROFILE**

**大田謙治**（おおた けんじ）

フリーのアニメーター、デザイナー。代表的な作品は『ランス・アンド・マスクス』（キャラクターデザイン・総作画監督）。

— 春場ねぎ先生のキャラクター原案を最初に見たときの印象を教えてください。

**大田**　第一印象は「どのキャラがどんな性格でどう動かせばいいか、わかりやすくて良いデザイン」だと思いました。キャラとしては春場先生の絵で完成されているので、アニメとして各キャラにどういう表情をさせるか、動かすために線をどう省略すればいいかが自分の課題でした。原作がないオリジナルアニメなので、設定作成前に『五等分の花嫁』を全巻買って表情、ポーズの参考にしました。春場先生のほっぺなど、肌の柔らかさの表現が好きで、全体的にそこは意識しています。

— 監督やプロデューサーとはどのようなやりとりをしましたか？

**大田**　顔、表情についてはキャラコンペ時に描いた雰囲気のままで、スタイルはモデル体型を意識して脚を長く、胸以外の肉付きを減らして描くようオーダーがありました。スタイルについては何度かやり直して、今のデザインになっています。最終回の最後に出た女の子はメインの5人と一緒にいても違和感がないデザインしてほしいというオーダーがありました。緊張はしましたが、考えながら楽しくデザインできました。南川監督には指摘するところは指摘していただきましたが、良いところは褒めていただいたので、デザイン作業時のストレスはありませんでした。

— ヒロインのキャラクターデザインを起こすうえで工夫したことを教えてください。

**大田**　**［なしこ］**　なしこは思っていることがストレートに表情に出るタイプなので、表情は苦労することなく作れました。ギャグ顔も多いですが元が美人顔なので、ふと「おまえ、美人だったのか！」と視聴者に気づかれるといいなと思いながら表情設定を作りました。煽りや悪巧みの表情は、嫌悪感を感じさせないよう愛嬌のあるキャラを目指して描きました。苦労したところは前髪の表現です。できるだけ線を省略したいのですが、線を減らすとどうしてもチープに見えてしまうので、最終的に第1話の総作画監督作業中に調整することになりました。

**［ぱい］**　ぱいは自分の可愛さを自覚しているキャラだと思っているので、それが絶対に嫌味に見えないようデザインしました。また、なしこの暴走を止めるブレーキ役の頭が良いキャラなので、アホに見えないように気をつけました。僕が考える「女の子の可愛さ」を詰め込んで表情を作っています。性格は違いますが、『五等分の花嫁』の四葉に表情がどことなく近そうに感じたので参考にさせていただきました。ぱいもなしこ同様に、前髪の表現が難しくて苦労しました。

**［泉］**　泉は元気キャラで、表情にも大きく出るタイプですが、なしこと区別して健康的に見えるよう作りました。露出度が高いキャラですが、いやらしく見えないようにとプロデューサー、監督から指示があったので気をつけました。第9話に出てきた幼少期の泉のおさかなTシャツは「お母さんが年の離れたお兄ちゃん用に買ったけど、思春期なので着るのを嫌がって、泉にあげたら喜んで着た」という脳内設定でデザインしました。スタイルについては胴の長さのバランスがメインキャラの中でいちばん苦労しました。

**［リーチェ］**　リーチェはなしこと逆に「美人が無意識に見せる変顔」を意識して表情を作りました。お嬢様キャラなので大きなアクションができない分、手の芝居を多く設定に描きました。シナリオを読んだ際、よく寝ている印象を受けたので、表情設定とギャグ設定の両方に寝ている絵を描いています。最初に提出した絵が大人っぽすぎると監督から指摘があり、幼さのある雰囲気を表現することには苦労しました。幼少期の設定は、年相応のわがままな雰囲気にデザインしました。

**［跳］**　第一印象と、シナリオを読んだあとの印象がいちばん変わったキャラでした。跳のような真っすぐなキャラが個人的に好きなせいか、設定作成時につい他キャラより力が入ってしまったので、そこは申し訳ないです。ベースはカッコよく、女子高生らしい可愛さも見せるよう表情を作りました。前髪に隠れた左目が完全に隠れるわけでなく、少し見えているデザインなので、どうカッコよく見せるかが難しかったです。どアップでないとわかりにくいかもしれませんが、他のキャラより瞳孔を細くしています。

— 大田さんにとって『ぽんのみち』のお仕事はどんなものになりましたか？

**大田**　『ぽんのみち』の仕事を終えて、制作さん、他の総作画監督さん、アニメーターさんたちに支えられてきたことを実感しました。キャラクターデザイン、総作画監督をやっているとどうしても「自分が、自分が」という感覚になってしまいますが、最終回のなしこのように大事なところでは仲間を信用して、任せることが必要なのだと思いました。終盤にはアニメーターの皆さんもキャラ慣れして、引きの絵は僕の修正なしでも良い絵が増えたので、そこは本当に感謝しています。雀荘ぽんぽんがなしこの「うちの場所」から「うちらの場所」に変わったように、僕にとっても「ぼくのぽんのみち」から「ぼくらのぽんのみち」に変わったのだと思います。

CAST INTERVIEW 1

MAEDA KAORI
as JIPPENSHA NASHIKO

# ［十返舎なしこ役］前田佳織里インタビュー

## なしこが自分を見つけてくれた

—— なしこの第一印象はいかがでしたか？

**前田**　最初にいただいた資料が、いつもの白いシャツにズボンスタイルのイラストで、それを見て着飾らない子というか、自然体で毎日をのびのび生きている子、自分を良く見せようみたいなところがなくて、毎日を大切にできる子なんだろうなと思いました。だからお芝居も日常感が出るように、かけあいなどがナチュラルに聞こえるように、というところを意識しました。

—— 役決めはテープオーディション形式だったそうですが、何か印象に残っていることはありますか？

**前田**　麻雀作品のオマージュネタが課題にたくさん入っていたので、マネージャーさんと一緒に由来を調べて、調べた作品に自分もハマったりしました（笑）。課題がそういう傾向だったこともあって、「受かろう」というよりも、いい意味で「遊ぼう」という意識で演じさせていただいたんです。そうしたら、テープを聞いたマネージャーさんがすごく笑ってくれて……「ちょっとやりすぎかな？」と話していたんですけど、ご縁をいただけてうれしかったですね。たぶん、なしこちゃんが私を見つけてくれたんだと思います。役が決まるときって、スタッフさんが選んでくださるのはもちろんなんですけど、自分が役を決めたんじゃなくて、役が自分を見つけてくれていると思っているんです。

—— その「遊ぶ」感じは、なしこのキャラクター性に合っていると感じます。

**前田**　私も現場に入ってから、なしこってこれだけ遊んでもいい子なんだ、こんなに自由なんだっていうのを実感したので、結果的には良かったのかなと思います。

—— オーディション以降に演じ方が変化した部分はありますか？

**前田**　第1話のテストをしたときに「その演技だと、ちょっと可愛すぎちゃうかも」と言われたんです。お母さんに対して怒るところで「もっと怒気強めに、ちょっと汚くなっちゃってもいいので」というディレクションをいただいたときに「なるほど、なしこに求められているのは、そういう感じなのか」というのが見えて、そこからイメージを固めることができました。

## 音で覚えてから肉付けした広島弁

—— 前田さんから見た、なしこの魅力を教えてください。

**前田**　行動力の塊っていうところですかね。私は「これをやるぞ」と思っても、そこに至るまでの過程を考えて面倒臭くなってしまうことが多いんですけど（笑）、なしこは「まず、やってみよう」となりますよね。しかも、とても器用な子で、麻雀もすぐに覚えてしまう。全体的に要領が良いと思っていて、学校の成績もそつなく良いですよね。そういう

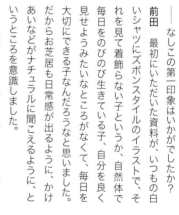

器用さがありながら、行動力もあるところは、人として尊敬です。

――なしこに似ていると感じる部分はありましたか？

**前田**　自分では違うところが多いと思っているんですけど、不思議とまわりからは「カオリンにすごく似てるね」と言われるんですよ。最初の収録でイオリン（佐伯伊織さん）が「なしこにぴったりだ！　すごい説得力あったよ！」と言ってくれたりして。似てるんですかね？　ただ、演じていて、やりづらいと思ったことが全然ないのはたしかですね。あえて言えば、猪突猛進なところとか、人と話すのが好きなところは似ているかもしれないです。ちなみに私以外のキャストの子たちは、それぞれのキャラクターにめっちゃ似ていると思います。アフレコ中、キャラクター本人に見えてくるという現象が多々ありました。

――広島弁での演技はいかがでしたか？

**前田**　思っていた以上に難しかったです。でも、広島弁を通じて尾道をより深く感じることができましたし、声優ってイントネーションをすごく気にして生きているので「えっ、ここでこういうイントネーションになるの？」みたいな発見があったりして、楽しかったですね。

――広島県で育った声優さんがなしこのセリフをすべて読み、それを聞いて発音を習得する段取りだったと、スタッフの方から聞きました。

**前田**　そうです。声優の孫悦《そんえつ》さんが前もってアフレコしてくださったデータを聞いて、まずイントネーションなどを音として完璧に覚え、その上からなしことしてのお芝居を肉付けしていく、というやり方でした。孫さんには現場でも指導していただいて、とてもお世話になりました。

――その方法は、方言キャラの収録方法として一般的なのでしょうか？

**前田**　自分の知っている範囲だと、これだけ手厚くて丁寧なケースは、なかなかないと思います。セリフのデータはすごく早くにいただけましたし、いくつかのパターンを用意してくださることもあって「広島弁バックアップ塾」みたいな感じでした。

――普通の収録よりも、段取りがかかりますね。

**前田**　正直に言うと、自分が演じてきた役の中では、チェックにいちばん時間がかかりました（笑）。そういう意味では大変でしたが、ストレスは全然なく進めることができましたし、ありがたい経験だったなと思います。

## なしこはチョンボに興味がない

――他のキャラクターの印象も聞かせてください。まず、ぱいは？

**前田**　じつは、いちばん変な子かもしれないですね（笑）。佐伯伊織ちゃんのセリフ回しが非常に面白いところがそう感じさせるんだと思うんですけど、独自の「ぱいワールド」というか、自分なりのセンスがすごくある子なんだろうと思います。正統派美少女のように見えて、アウトドア能力がめちゃくちゃ高かったりするところもいいですね。あと可愛い。もう、すっごい可愛い。自分がもし付き合うとしたら、彼女にしたいと思うのはぱいかもしれないです。

――次に、泉をお願いします。

**前田**　ぱいとは逆に、ちょっとワイルドそうに見えて、じつはいちばんの常識人っていう対比が面白いですね。苦労人のイメージがあります。それでいて、急にリミッターがバーンと外れて「何、え、どうしちゃったの？」みたいになるのが、本当に面白いなと思います。

――リーチェはどうでしょう？

**前田**　なしことのかけ合いが、演じていてすごく楽しかったのを覚えています。とくに第1話の収録が印象深いですね。「話のテンポが噛み合わないようにしてください」という指示をいただいて一緒にやったんですけど、ほぼ別撮りみたいな状態でした（笑）。良くも悪くもお嬢様ですよね。世間知らずな部分もあるけど、だからこそ同年代の子と麻雀を打つことへの愛がすごい。情熱的で、なしこたちを大事にしてくれるお嬢様だと思います。

――では、跳をお願いします。

**前田**　私は跳ちゃん推しなんですよ。最初はちょっとツンツンしているけど、じつはとっても照れ屋さんだったりとか、意外とノリが良かったりとか、そういうところがめっちゃ可愛いなと思います。あと、ずっとリーチェと麻雀を打てなかったりとか、ちょっと不憫ですよね。私たちもアフレコ中に「また打てなかったね」みたいな話をしていました（笑）。

――チョンボについてもお願いします。

**前田**　CVが大塚明夫さんというのが、まず衝撃的でした。「そうくるんだ」ってびっくりしたんですけど、その後、チョンボのお声を実際に聞いたときに「あ、これが『ぽんのみち』なんだ！」と作品の世界観が見えて、自分の中でバチッとはまる感じがあったのを覚えています。

――麻雀の精霊という立派な存在なのに、なしこの扱いが雑なのが印象的です。

**前田**　そうそう！（笑）なんで雑なのかというと、なしこはチョンボにあまり興味がないからだと思うんです。すごく不思議な存在なのに受け入れるのが早いのも、じつは興味がないからだと思っています。

――なるほど、そう言われるとしっくり来ます。

**前田**　ただ、決して「鳥だから下に見ている」とかではないとも思います。なしこって、どんな目上の人に対しても、ひとりの人間として対等に、かつフランクに接する子だと思うんです。だから「麻雀の精霊」を特別扱いすることもしない。めちゃめちゃ大物だと思います。

PROFILE

**前田佳織里（まえだ かおり）**

声優、歌手。福岡県出身。4月25日生まれ。アミューズ所属。主な出演作品は『ラブライブ！虹ヶ咲学園スクールアイドル同好会』（桜坂しずく役）、『ウマ娘 プリティーダービー』（ナイスネイチャ役）、『2.5次元の誘惑』（天乃リリサ役）、『パーティーから追放されたその治癒師、実は最強につき』（ナルセーナ役）など。

## 演技の方向を変えた最終回

――なしこの印象に残っているシーンやセリフをお願いします。

**前田**　第1話の「見つかったで……新たなユートピア!!」というセリフが、作品の始まりを象徴していて、すごく印象に残っています。それから、最終話のセリフが全体的にとても好きですね。それまでずっと盛り上げる方向でやってきたのが、急にダウナーなお芝居になったので、自分の中に「もうすぐ収録が終わっちゃうんだ、寂しいなあ」という気持ちがあったことも相まって印象深いです。あの回は本当に特殊で、私自身、作風を変えるくらいにしたいと思っていたところに、音響監督の高橋（剛）さんもそういうディレクションをしてくださったので、それまでとはガラッと変えた演技になりました。「みんなでだらだらしゃべりながら、のびのびと過ごす毎日ってかけがえないよね」ということを感じられるシーンだと思います。あとは第2話とかの、ほっこりとお茶を飲む場面もいいですね。私は視聴者として、放課後にお茶を飲むシーンが大好きなんですけど、演じる側としては、そういう場面にあまり縁がなかったので、参加できてめちゃくちゃうれしかったです（笑）。

――アフレコで印象に残っているエピソードはありますか？

**前田**　主題歌の合いの手の部分を、みんなで一緒に録音したのがすごく楽しかったです。歌を録るときって「ひとりずつブースに入って、あとで重ねる」という型式が多くて「みんなで一緒に」というのはあまりないので印象に残っています。ワイワイ盛り上げる内容だったこともあって、ライブのようでした。あとは第6話で、泉がエナジードリンクを飲んだときの演技が本当に面白かったですね。佐伯さんがツボっちゃって、笑いが止まらなくなって、ブースから出されるということがありました（笑）。毎話、そういうドラマが作品の中でもあるし、我々のアフレコ中にもありました。本当にみんな仲が良くて、女子校みたいな現場だったなあ。不思議なんですけど、このメンバーとは前々から一緒にいたような感覚があるんです。もう5クール目くらいの感覚（笑）。それくらい、みんなの相性が良かったのかもしれません。

## 尾道の「素敵」が詰まった作品

――麻雀は好きですか？

**前田**　以前から、アプリで友達とやったりしていました。まだ勉強中で全然強くないんですけど、楽しいとは思っていたので、まさか自分が麻雀作品の主演をやることになるとは……という感じです。なしこ役が決まってから、番組のYouTubeラジオの企画で、そうそうたるメンバーと麻雀を打たせていただいて、めちゃめちゃ楽しいです。鍛えられています。

――公式YouTube番組では尾道にも行っていましたが、印象はどうでしたか？

**前田**　すごく楽しかったです！「Cafeしましま」さんで食べたかき氷とプリンがすごく美味しかったなあ。大げさではなく、人生で食べた中でいちばん美味しかったです。尾道の商店街って、地元の方に古くから愛されているカフェやお店がたくさんあって、雰囲気がめっちゃいいんです。『ぽんのみち』のパネルを放送前からたくさん置いてくださったりして、一度足を踏み入れたら仲間として迎え入れてくださるような温かさも感じられて、すごく素敵なところでした。それから、お寺巡りをさせていただいたんですけど、高台から見る景色が、どこもすごく綺麗なんです。

――劇中でも第6話の展望台のシーンが印象的です。

**前田**　あの場所は、我々も歩いて登ったんですけど、めちゃくちゃきつくて、その意味でも印象的です（笑）。そのシーンも含めて、『ぽんのみち』では尾道の風景の綺麗さがそのまま再現されていてびっくりします。スタッフさんがロケハンで何度も足を運んでくださったからだと思うんですけど、尾道の良さが詰まりに詰まった作品だと思います。

**CAST INTERVIEW 2**

SAEKI IORI
as KAWAHIGASHI PAI

# ［河東ぱい役］佐伯伊織インタビュー

## 女の子としての理想を詰め込んだ

——ぱいを最初に見たときの印象は？

**佐伯**　とにかく純粋に可愛いな、というのが第一印象です。「ふわふわしていて可愛いものが好きなタイプだろうな」と思っていて、あとで設定を見たら、その通りでした（笑）。じつは性格が悪いとかではなく、ちゃんといい子だったっていうのが印象に残っています。

——その印象のまま、役作りをした感じですか？

**佐伯**　そうですね。自分にとって想像しやすいキャラクターで、あまり考えなくても、ぱいちゃんの完成図がすぐに浮かんできました。だから、演じるのに全然苦労していないです。私が想像した「可愛くて、ふわふわしていて、つかみどころのないしゃべり方をする子」を、思ったまま自由に演じさせていただきました。

——演じていく中で、キャラクターの捉え方や演じ方が変化した部分はありますか？

**佐伯**　あまりないですね。「私の中のぱいちゃんはこれだ！」っていう感覚でオーディションのテープを録音して合格したので、そのイメージのまま最後までやらせていただきました。

——自分に近いという感覚はありますか？

**佐伯**　いえ、私とはまったく違います。似てはいないのですが、すごく好きなタイプの子なんです。演技も、私の好みというか、女の子としての理想を詰め込んだものになっていると思います。

——「可愛い」という部分以外で、ぱいの好きなところを挙げてください。

**佐伯**　気も使えるし母性もあるんだけど、幼なじみのなっちゃん（なしこ）には結構ドライな面もありますよね。そういう、意外とサバサバしていてさっぱりしている部分が好きです。あとはアウトドアが好きで活発だったり、チラッと見えるそういうボーイッシュな面もいいですね。

——他の声優さんにぱいのことを聞くと、皆さん「お母さん」という表現をするのですが、佐伯さんはどう捉えていますか？

**佐伯**　私もママみがあるなと思っています。そういう設定があったわけではないのですが、私が包み込むような優しさを持った女の子が好きなので、その欲望がちょっと出てしまったんじゃないかな。他の声優さんに「ぱいは絶対、二児のママなんだよ」という話をよくしていました（笑）。もちろん、イメージの話ですが、私の中ではそのくらいママっぽいキャラです。

## 自分に性格が近いのはなしこ

——親友であるなしこに対しては、どんな印象を持っていますか？

**佐伯**　最初にキャラクターを見たときに、いちばんやりたいと感じたのはなしこちゃんだったんです。私に性格が近い印象で、演じていていちばん楽しいだろうなと思ったのですが、いかんせん広島弁ができず、教えてくれる人もいなかったので、テープを提出できませんでした（笑）。髪型とか服装は派手ではないですけど、中身はだいぶ濃いですよね。ちょっとだけ調子乗りだったり、オタクだったりするところがいいなって思います。

――前田佳織里さんの演技を聞いて、印象が変わったりしましたか？

**佐伯**　ちょっと荒っぽいというか、オラオラ系な面もあるというイメージだったんですけど、前田さんの演技で「この子は可愛いんだな」という印象に変わりました。最初に前田さんの声を聞いたときに、なしこのキャラクター性がすとーんと腑に落ちた感じです。

――泉については？

**佐伯**　最初にデザインを見たときは「活発な子なんだよな」と思ったくらいで全然未知数だったのですが、若山（詩音）さんの演技で……全員そうなんですけど、声を聞いたらキャラクターが降ってきました。サバサバ系だと思っていましたが、じつはいちばんまわりに気を使っていて、皆をまとめてくれたり。そうかと思えば、本人にか弱い部分が結構あったりして、すごく好きになりました。

――リーチェはどうでしょう？

**佐伯**　見ていると、私もお金持ちになりたかったなという思いがわいてきます（笑）。

――（笑）。

**佐伯**　金の牌を用意してきたときに「いくらするんだろう？」ってずっと思っていました（笑）。お金持ちのお嬢様であるがゆえに、子供っぽいというか、少しわがままな面もあるんですけど、お嬢様で純粋だから嫌なわがままじゃないんですよね。「私もこうしたい」っていうピュアな気持ちを素直に表しているのが、可愛くてたまらないポイントじゃないでしょうか。

――では、跳は？

**佐伯**　ストイックでクールなんですけど、変わっているなあと（笑）。麻雀バカで、とにかく麻雀がしたいっていう子ですよね。山登りをしたあとに「麻雀したい」と言ってマットを広げるシーンで仰天しました。あの場所は『ぽんのみち』のＹｏｕＴｕｂｅ番組のロケで行ったんですけど、本当にきつい山道なんですよ。行くだけでヘトヘトなのに、そこで麻雀をしようとする跳は何なんだろうって（笑）。あと印象に残っているのは、金の牌を手にしたときの喜びようで「やったー」と言っている跳は本当に可愛かったです。

――チョンボについてもお願いします。

**佐伯**　たまに出る渋い声がめちゃめちゃカッコよくて、すごく好きです。チョンボのことはいまだによくわからないというか、なんで麻雀の精霊があそこに宿っていたのかも明かされていないし、謎が多いですよね。だから私としては、もし『ぽんのみち』が続くなら今後に期待したいキャラクターです。この作品において、すごく深い意味を持っているキャラクターなのかもしれないなって。何もないのかもしれませんが（笑）。

## 演じる中で生まれた「ぱい語」

――ぱいのセリフやシーンで、印象に残っているものを教えてください。

**佐伯**　まず、白《はく》バリアです。中《ちゅん》ビームは知っていたんですけど、白バリアは知らなかったので「白バリアって何？　何が始まるの一体？」みたいに思っていました。あとは元禄《げんろく》積《づ》みですね。説明するシーンがオーディションの課題に入っていて、資料映像のＵＲＬも添えられていたんですけど、最初、何を言っているのか全然わからなくて、繰り返し聞いて勉強しました。なので、麻雀関係のセリフは印象に残っているものが多いです。それから、ぱいちゃんの特徴として、変な返事をするんですよね。

――言葉遣いは普通ですよね？

**佐伯**　そうなんですけど、「はーい」とか「いただきまーす」みたいな普通の言葉を言うときに、変な節回しをするんです。

――たしかに音をのばす部分などの抑揚は独特ですね。

**佐伯**　それを監督に「ぱい語」って言われたのが印象に残っています。「ぱい語って何!?」って（笑）。

――あの発音はディレクションがあってそうしたわけではなく、自分で……。

**佐伯**　そうですね。自分で作ったというか、私が想像しているぱいちゃんをそのまま演じた結果、自然に出てきたものです。それをまわりの方に「ぱい語」と呼ばれたのが印象的でした。ぜひ皆さんには、もう一度見直して「ぱい語」のシーンを探して、ぱいちゃんの独特な雰囲気を感じてほしいです。

――しゃべり方といえば、ときどき方言が出るのも印象的です。

**佐伯**　そうですね。監修を受けながらやらせていただいたんですけど、大変でした。私の量でも苦労したので、前田さんはすごく大変だったんだろうなって思います。

――台本に指定があったのですか？

**佐伯**　第1話に少しだけ指定があって、第2話以降はありませんでした。でも、せっかく第1話にあったからその後も出したいと思って、音響監督の高橋（剛）さんに聞いたら「いいよ」と言ってくださったので「なっちゃんとふたりだけでしゃべるときとか、ふと素《す》が出るときだけ方言になる」というマイルールを決めて入れていきました。

――普段は標準語だけど、地元の知り合いと話すときは方言が出る、という人はわりと見るので、リアルだと思います。

**佐伯**　思いついたことだったんですけど、うまくハマってくれたなら良かったです。

PROFILE

**佐伯伊織**（さえき いおり）

声優。歌手。神奈川県出身。7月22日生まれ。スワロウ所属。主な出演作品は『冰剣の魔術師が世界を統べる』（アメリア＝ローズ役）、『処刑少女の生きる道』（メノウ役）、『マブラヴ オルタネイティヴ』（彩峰慧役）、『ウマ娘 プリティーダービー』（キングヘイロー役）など。

## 雀荘に行くほど麻雀にハマる

―アフレコで印象に残っているエピソードはありますか？

**佐伯**　これは懺悔なんですけど、（若山）詩音ちゃんの演技が面白すぎてツボに入ってしまって、ブースにいられなくなったことがあるんです。第6話の、みんなで徹夜する場面で泉が「わからん！」と言うところなんですけど……。

―先に若山さんにインタビューしたのですが、そのシーンで笑ってもらえてうれしかったと言っていました（→80ページ）。

**佐伯**　あれは狙ってやったんですか？

―面白くしようと試行錯誤したそうです。

**佐伯**　あはは。私はなんでも面白く感じてすぐ笑っちゃうタイプなんですけど、あのときは、いったんブースの外に出て落ち着かせてもらうくらいになってしまいまして……。反省して印象に残った回ですね。あのシーンに限らず、毎回、笑いをこらえるのが大変なアフレコ現場でした。とくに麻雀関連のオマージュが入るシーンは、みんな研究して迫真の演技をしてくるので、本当に面白いんです。

―麻雀は好きなんですか？

**佐伯**　この作品をやるまでは、全然知らなかったんです。でも、オーディションを受けるにあたって、麻雀を知ろうと思って『雀魂』を入れて、マネージャーさんに教えてもらいつつ遊んでいたら、めちゃめちゃハマっちゃいました。もともとパズルゲームが好きなんですけど、3枚1組で揃えて役を作っていく感じとかが少し似ていると思うんです。それに頭を使うけれど、ちょっと運が絡むっていうのも、いいところだと思います。今は結構やっていて、マネージャーさんに雀荘にも連れていってもらいました。

―本格的ですね。

**佐伯**　一度、卓で打ってみたかったんです。実際にやってみると、麻雀牌の触り心地が最高に気持ちいいんですよ。自分がお金持ちだったら電動雀卓を買っていたなっていうくらい、今は麻雀が好きです。

―好きな役はありますか？

**佐伯**　イッツー！（編注：一気通貫）よく狙うのはイーペーコーとかの作りやすい役なんですけど、イッツーは揃ったときの快感がたまらないです。

## 尾道の風景も作品の魅力

―『ぽんのみち』のYouTube番組で尾道を訪れていましたが、印象はどうでしたか？

**佐伯**　まず、フルーツやご飯がすごく美味しいです。とくに印象に残っているのが、ぱいのスタンディーを飾っていただいている「Cafeしましま」さんというお店で頼んだ梨のかき氷と、「からさわ」さんというお店のアイスクリームですね。どちらも撮影しながら食べたのですが、アイスのほうは早く溶けてしまって、べちゃべちゃになりながら必死に食べる感じになってしまったのが申し訳なかったです。それから、景色が本当に綺麗です。第1話の最初、なしこがベンチに座る場所が駅前の広場なんですけど、実際に行ってみたら、島の日差しに芝生の緑が映えて鮮やかだし、いい感じに開けているので景色が見渡せて、すごく心が安まりました。第6話で行く千光寺も良かったですし……。あと、実際には見られていないんですけど、灯りまつりですね。映像を検索したら、めちゃくちゃ綺麗でした。

―アニメでも、灯りまつりのシーンは印象的でした。

**佐伯**　『ぽんのみち』は、背景の作画が本当に綺麗ですよね。皆さんにはぜひ聖地を巡っていただいて、現地の良さを知ると同時に、アニメと見比べて作画の良さもあらためて感じてほしいと思います。私も灯りまつりには行ってみたいですね。キャスト5人で行けたらいいなと思っています。

**CAST INTERVIEW 3**

WAKAYAMA SHION
as TOKUTOMI IZUMI

# ［徳富 泉役］若山詩音 インタビュー

## 「じつは初心」というイメージ

── 泉の第一印象はいかがでしたか？

**若山**　マルとバツの髪留めを付けているのが、まず印象的でした。それと「可愛いキャラクターだな」っていうのが、見た目で思ったことです。その後、オーディションの原稿を読ませていただいたら、結構お姉さんというか、いつものメンバーの中ではみんなをなだめる側で、ちょっと精神年齢が高めという印象を受けました。一方で、壊れるとどうしようもないみたいなところもあって……すごく親しみやすいし、実際に友達にいたらとっても楽しい子だろうなというのが、最初に感じたことですね。

── 自分に似ていると感じる部分はありましたか？

**若山**　普段の自分を思い返してみると、家では結構男っぽいというか、性別に関係ないしゃべり方をすることが多いんです。泉も、性格はともかく、しゃべり方は若干男勝りな感じがある子なので通じる部分があって「こういう感じで話す子じゃないかな」というのはスッとイメージできました。だから、役には入りやすかったですね。

── 演じていく中でイメージが変わったところはありますか？

**若山**　最初は、ちょっと姉御肌でボーイッシュなしゃべり方をする常識人、という印象だったんですけど、進んでいくにつれて、じつはとても初心《うぶ》で純粋な女の子らしい子なんじゃないかと思えてきたんです。麻雀に関しては、最初の3人の中では一歩先に行っているけど、他のことはあまりなじみがないのかもと想像していて、いろいろなことに憧れを持っているのでは？と思っています。私の勝手な解釈なんですけど、方言をあまりしゃべらないのは、尾道が好きな一方で、大都会である東京への憧れもあるからなのかな？とか。

── どのシーンで、そのように感じたのでしょう？

**若山**　本編にここっていうシーンがあるわけではなくて、アフレコの待ち時間にキャストの皆さんと「この子はじつはこうなんじゃないか」という話をすることがあって、その中でなんとなく固まっていった感じです。「ぱいちゃんは、じつは子供を育てていそう」とか「リーちゃんは、じつはちょっと怖い面があったりして」みたいな妄想話をする中で「泉って本当は恋愛はめちゃめちゃ初心なんじゃない」という話になって、そこからイメージができていったところがあります。あとは私自身が、こういうボーイッシュな子こそ初心だったら可愛いと思ってしまうので、自分の希望もありつつですね。

── 若山さんから見た、泉の長所や魅力を教えてください。

**若山**　コミュニケーション力が高いっていうのが、まず大きいです。リーチェが入ってきたときも「一緒に麻雀やろうよ」という姿勢で接して、お嬢様だから他のメンバーとちょっと違うところも受け入れていきますよね。

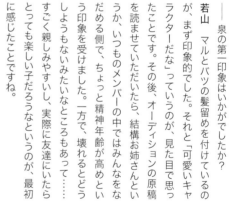

跳ちゃんのときもそうで、人と人との垣根をピョンと越えていけるところがあります。それから「なんでもまず全力でやってみる」ところですね。「挑む力」みたいなものが強いと思うんです。ベッチャー祭の話では反強制的にしごきを受けるわけですけど（笑）、それを拒絶せずに「まあ、やってみよう」と思うことができるのがいいなと。あと『雀魂』で尾道杯をやっているときに、泉が抜けて3人＋跳で戦うシーンがありますけど、泉は麻雀が好きなので、自分もやりたいはずなんです。でも、全体がよく見えているので、状況次第では自分がやらずに他の人に譲ることができる、バランサーとしての力も持っている子だと思います。

## リーチェのマイペースを見習いたい

―― 他のヒロインについても印象を聞かせてください。まず、なしこは？

**若山**　最初のアフレコに行くまでは、言い方が難しいんですけど、すごくキラキラした子かなと思っていたんです。でも、アフレコでお声を聞いていく中で、絶妙に泥臭いところがある子だというのがわかって、急に親近感がわきました。第1話のテレビに向かって踊っているところとか「なしこちゃん、そういうことを全力でやる子なんだ！」って（笑）。あとは尾道という土地にすごく愛がある子で、イベントとかに積極的なのがいいなと思います。

―― ぱいはいかがですか？

**若山**　さっきも少し話しましたけど、お母さんみたいだなと思います。最初は「優しくてふんわりー」みたいな感じかと思っていたんですけど、バリバリ家事ができて、アウトドアもできて、体力もあるっていうギャップがいいですね。これはモテるなと思いました。縁の下の力持ち感があって、友達としてすごくありがたいというか、いてほしい人材だと思います。何が起こっても、まわりを見放すとか、あきらめるとかは絶対しないと思えて、そこがまさにあのメンバーのお母さんという感じがしますね。

―― では、リーチェについてお願いします。

**若山**　リーチェは隙のないお嬢様かと思ったら、ネットリテラシーが低い！（笑）とんでもないお金持ちで、私たちは近寄れないなと思っていたのが、あそこでグッと近くに寄ってきた感じです。あと、ペースを乱されることが基本的にない、自分のペースで生きているところは、参考にしたいなと思います。まわりが徹夜で麻雀をして騒ぎ散らかしていても「私は寝る」っていう、あの心意気は大事ですよね。自分のライフスタイルの中で、押し通すところはちゃんと押し通すというところがリーチェの魅力であり、私も持ちたいところです。

―― 跳はどうでしょう？

**若山**　見た目があまりにパンクなので、どぎつい子ではないかと思っていたんですけど、全然そんなことはなかったですね。ちょっとツンとした言い方をしがちではあるんだけど、なんだかんだ言いつつ、お祭りの手伝いのために広島から来てくれたりして……。広島から尾道に行くのって、結構時間がかかるらしいんです。それでも泊まりで手伝ってくれるくらい、根はいい子なんですよね。最初がツンとしているからこそ、本当は一緒にいるメンバーのことを思っているんだよっていうのが見えた瞬間に、キュンとなっちゃう子だと思います。

―― チョンボについてもお願いします。

**若山**　もう大好きです。いつもは可愛い感じでしゃべっているのに、ふとしたところで大塚明夫さんの圧がドンって現れる。あの緩急がすごいです。それから、なぜかすっごく雑に扱われるんですよね（笑）。

―― なしこがとくにそうですね。

**若山**　「肉足りんくなったらよろしくな」とか（笑）。「麻雀の精霊である」って出てきたのに雑に扱われる、その落差がめちゃくちゃ面白いです。私はわしゃわしゃ可愛がりたかったので「なんでこんな扱いをされるんだろう？」とも思いますけど（笑）。この上なく可愛いけど不憫で、しかも格好良いという、いろいろな要素が詰まった最高の精霊です。

## 練りに練った第6話のセリフ

―― 泉のセリフやシーンで、印象に残っているものを挙げてください。

**若山**　第6話で徹夜で麻雀したときの、目がバキバキに決まっているシーンです。台本をチェックしたときに「ここは決めにいきたい」と意気込んだんですけど「ここ、面白いですよ」っていう感じにしてしまうと面白くないかなとか、葛藤があったんです。あの状態をどう面白く表現するかを考えて、たどり着いたのが大振りにしゃべるというやり方でした。

―― 「大振りにしゃべる」というのは？

**若山**　うーん、表現するのが難しいですね。いつもより口を大きく開けて演じていて、自分では普通にしゃべっているつもりなんだけど、普段より口が開いちゃっている、みたいなイメージです。その演じ方で「わからん！」って言った瞬間に、ぱい役の佐伯伊織さんがものすごく笑ってくださって、ご本人はもしかしたら申し訳ないと思っているかもしれないし、現場としてどうだったかはわからないですけど、私的にはすごくうれしかったです。

―― 笑ってほしいところで笑ってもらえた、ということですね。

**若山**　そう、笑ってほしかったんですよ！「ちょっとおかしい感」が伝わって、ツボに入ってずっと笑っていただけたのが、すごく印象に残っています。

―― その表現の仕方が興味深いのですが、単にテンションが高い演技ではダメ、ということでしょうか。

**若山**　そうですね。眠れない興奮状態では

**PROFILE**

**若山詩音**（わかやま しおん）

声優。千葉県出身。2月10日生まれ。劇団ひまわり所属。主な出演作品は『空の青さを知る人よ』（相生あおい役）、『SSSS.DYNAZENON』（南夢芽役）、『リコリス・リコイル』（井ノ上たきな役）、『ダンダダン』（モモ〈綾瀬桃〉役）など。

あるんだけど、昼間いろいろ動き回って、疲れてはいるわけです。その相反する状態、もう限界の先みたいな状態が面白いっていうのを作り出したくて、いろいろ考えた結果、「こうなるだろうな」というイメージから微妙に外そうとしました。

―― ずらすというか。

**若山** そう。ずらすことで、本人はいたって真剣なんだけど、まわりから見ると「おかしくなっちゃったんだね」っていう感じを出そうとしたんです。悔やまれるのは、テスト収録のときがいちばんうまくいったんですよね。

―― 佐伯さんが笑ったのは、そのテストのときですか？

**若山** そうです。そうしたら笑いが伝染して、自分もちょっと面白くなっちゃって（笑）。本番では「ここで笑っちゃいけない」みたいな別の葛藤が生まれてしまって、テストに比べると、少し置きにいく感じになってしまったのが反省点です。

―― 泉のエピソードとしては、ベッチャー祭が大きいと思いますが、あの話の収録はスムーズでしたか？

**若山** 私が事前に準備していた演技とは、ディレクションで方向性を多少変えるかたちになりました。Aパートで「かつてこういうことがあった」という話をするときに、最初は思い出して怖かったっていう方向性でやらせていただいたんですけど、ディレクションで「罪を告白する囚人みたいにやってください」という指示をいただきまして、本番はそういう話し方になっているはずです。泉がそんな風に語るのは、すごく面白いと思いました。Bパートは勢いに任せて演じましたが、それで意外と大丈夫でした。

## できなかった青空麻雀をやりたい

―― 尾道の風景やシーンで、印象に残っているものはありますか？

**若山** 初詣をしている場面が印象深いですね。あんな素敵なところで初詣ができたら、どんなに素敵だろうと思いました。あと、オープニングや第3話などで、商店街が出てきますよね。私はレトロなものが好きなので、古き良き風情の残る雰囲気、今に至るまでの人の営みが染みついたレトロさっていうのがすごく素敵で憧れます。いつか行ってみたいです。

―― 若山さんは麻雀はやりますか？

**若山** ルールは一応知っていたんですけど、やったことはないし、役もわかっていませんでした。でも、『ぽんのみち』に出させていただくということで『雀魂』をやり始めまして、今は本当に弱いんですけど、ちょっとずつできるようになっています。まだまだ先は長いなと感じていますが、とっても楽しいです。雀荘にもいつか……役をすべて把握していない状態でちゃんとできるのか、みたいな不安はあるんですけど、本物の牌に触ってみたいですね。

―― 好きな役はありますか？

**若山** やっぱり国士無双。3枚1組で揃えるっていう麻雀の基本から外れていて、でもすごく強いっていうのが、型にはまらない面白さがあるというか、ロマンがあるなと思います。

―― 麻雀以外にもいろいろなレクリエーションをした作品ですが、好きなものや、やってみたいものはありましたか？

**若山** みんなでカレーを作るのは楽しそうですよね。学生で、みんなが集まれる場所があるからこそできることだと思うので憧れます。あとはマットを持って外で麻雀をするのもいいなと思います。

―― 劇中では、跳が展望台でやろうとして、結局できませんでした。

**若山** 「そりゃ無理だろ」ってアフレコの合間にみんなで言っていました（笑）。あの場所はないなと思いますが、青空麻雀は楽しそうだなと思います。

CAST INTERVIEW 4

KONDO YUI
as HAYASHI RICHE

# ［林リーチェ役］近藤 唯 インタビュー

## 純粋さからくる子供っぽさが魅力

——リーチェに対する最初の印象をお願いします。

**近藤**　見た目がどストライクで、私が好きな女の子だと感じました。オーディションの段階では、おしとやかでおっとりしている「ザ・お嬢様」だと思っていたので、本番よりもお嬢様成分が強いというか、お姉さんみが強い方向で演じていました。

——本番で方向性を多少変えたということは、オーディション以降にキャラへの印象が変化したということでしょうか？

**近藤**　そうですね。お話を見ていったら、初回からちょっと人の話を聞かないところがあったりとか（笑）、お姉さんだと思っていたのですが、意外と幼い部分があると思うようになりました。子供のように純粋だから、好奇心が強くて、いろいろなことを素直に楽しめるし、感動も大きいのかなと。押しの強さも含めて、純粋さからくる子供っぽさが強い子だと感じたので、本番ではオーディションよりもテンションを上げた話し方にすることが多かったです。たとえば、第2話で「いいじゃないですか、ちょっとぐらい〜」って泣くシーンは、オーディションの課題にも入っていたんですけど、本番ではより子供っぽい泣き方になっています。

——ご自身に似ているとは思いますか？

**近藤**　特別、育ちがいいとかは全然ないです（笑）。ただ、似ているかどうかはともかく、得意というか、演じやすいタイプのキャラかなとは思います。自分の思考の中にはない考え方をするキャラを演じる場合、理詰めで考えて演技をするのですが、リーチェの場合は気持ちが理解できるというか、考え方が自分の中にまったくないものではないので、頭の中で自動的に動いてくれて、私はその動きのまま演じるという感覚でした。純粋で、感情を素直に表に出してくれる子なので、やっていて悩むことはなかったですね。

——リーチェの魅力は、やはりその純粋さ、素直さでしょうか？

**近藤**　そうですね。私は最初からこの子がいちばん好きで、やりたいと思った子でもあったので、私からするとすべてが魅力的なのですが、意外と子供っぽい、ちょっとゴーイングマイウェイなところがあるのが、見た目とのギャップもあって大きな魅力だと思います。

——「お金持ち」という属性がクローズアップされがちなキャラでもありますが、そこは意識しましたか？

**近藤**　特別、意識することはありませんでした。なぜかというと、リーチェ自身に「自分が特別である」という自覚がないんです。他のみんなからすると、ちょっとずれていて「えっ？」ってなることも、リーチェにとっては普通で、何の気なしにやっていることだと思うんです。

——金の牌を用意したり、割り勘で多く払おうとするところなどですね。

**近藤**　友達と割り勘にするということ自体、リーチェはこれまで経験してこなかったと思うんです。私は学生の頃に普通によくやっていたんですけど、リーチェにとっては新鮮だったんだろうなと思うと、あそこで青春を経験できているんだなと思えて「よかったね」と親のような気持ちになっていました。

## 跳はちょっと不憫可愛い

――他の4人の印象も聞かせてください。まず、なしこはいかがですか？

**近藤**　飄々としている子だと思うんですけど、押しにはすごく弱いですよね。だから流されやすいんだけど、流された先の限られた場でも、楽しいことを見つけるのが上手な子という印象です。家から追い出されたけど、じゃあ雀荘で楽しもうとか、麻雀もマンガを読んでパッとできちゃったりとか、順応する力とか吸収する力が強いですよね。あと、飄々としているけど表情がコロコロ変わるのが可愛いと思います。リーチェが中《ちゅん》ビームをわからなかったときに、リアクションしてほしくて泣いていたのが、可愛いくて印象に残っています。

――次は、ぱいをお願いします。

**近藤**　すごくノリが良くて、みんなと一緒にふざけていることも多いけど、じつは一歩引いてまわりを見ている、お姉さんというか包容力がある子だなと思います。リーチェが混ざってきて、みんなでわちゃわちゃやっているときに、途中で「期待外れだった？」とリーチェに聞いてくれますよね。ああいうところに、すごくママみを感じています。みんなのお母さんみたいなイメージがありますね。可愛らしいんだけどアウトドアが得意という部分も、ギャップがあって魅力的だなと思います。

――泉はどうでしょう？

**近藤**　（若山）詩音ちゃんのコミカルな部分の演じ方が私はすごく好きで、普段のしっかりしているときと、オマージュが入ったシーンのギャップが面白いなと思っています。「明日は雨かな」「明日は晴れるかな」って繰り返しやっているのを見ると、泉はあれがお気に入りなんだなって（笑）。みんなの中ではボーイッシュな印象を受けますが、第6話の合宿では、化粧水をつけることを気にしたりする女の子らしさや、オマージュ以外にもしっかりものだけど、ふいに見せるどこかずれているところが可愛らしい子だなと思います。

――跳はいかがですか？

**近藤**　クールなようで振り回され体質なのが、すごく好きです。リーチェと麻雀を打ちたいのに、なかなか打たせてもらえなかったりして。第6話の最後、合宿でも打てなくてしょんぼりしている跳に、リーチェが「次は打ちましょうね！」と言うシーンがあって、私はまだ完成映像を見られていないんですけど、台本には「ぱぁっと笑顔になる跳」と書いてあるんです。それが、転がされている感があって愛おしいなと思いました（笑）。ちょっと不憫可愛いところがありますよね。あとは、金の牌をゲットしたときに、普段はクールなのに「やったー！」って心から喜んでいたのが可愛かったです。せっかく金の牌を用意したのに、みんなにちょっと引かれてしまっていたリーチェも浮かばれるなと（笑）。

――チョンボの印象もお願いできますか？

**近藤**　あのダンディで素敵なお声と可愛らしいお声のギャップにやられていました。私、ギャップを見せられると、すぐに転がされちゃうんです（笑）。とくに干からびているチョンボがすごく好きです。可愛いなと思って。

## 「ただいま」からにじみ出る喜び

――リーチェの印象に残っているシーンやセリフをお願いします。

**近藤**　第2話で雀荘から尾道の風景を見て「ここからは遠く、海も見えるのですね」と言うシーンが好きです。「小さかった頃は見えなかったけど、大きくなったことで見える景色がある」という意味に加えて「大きくなって、昔、楽しかった場所で、今までできなかったことを新しく経験していける」っていうニュアンスも含まれていると思っていて、すごく好きなセリフであり、いいシーンだなと思います。それとはまた違った意味で、好きなシーンが詰まっているのが第8話ですね。跳ちゃんがなしこちゃんの家に泊まると聞いて「ん～～～！」って悔しがるところで、駄々っ子のようなお芝居をしたのを覚えています（笑）。それからリーチェが雀荘に来たときに「おかえり」って言われて、はにかみながら「ただいま、帰りました！」って言うシーン。私もただいまって言っていいんだ、この場所にただいまって言えるんだ、みたいなリーチェの喜びと、みんな本当に仲間で、ここがみんなのホームなんだっていうことが感じられて、すごく好きな場面です。

――尾道の描写で印象的だったり、行ってみたいと思ったシーンを教えてください。

**近藤**　行ってみたいという意味で、灯りまつりですね。キャストみんなで行けたらいいなと思っています。それこそ、ぼんぼりをみんなで作って置くことができたらうれしいですね。

――第8話をリアルにやる感じですね。

**近藤**　あのぼんぼりの数は、ちょっと遠慮したいですけど（笑）。私、尾道にはまだ行ったことがないんですけど、他の場所も綺麗ですよね。アニメに出てきた「リーチェいっぱつ」のアカウントをアニメのスタッフさんが実際に作っていて（→49ページ）、尾道の素敵な風景がたくさん上がっているので、それを見ながら「行きたいな」って思いを馳せています。

――アフレコで印象に残っているエピソードはありますか？

**近藤**　詩音ちゃんのセリフが面白くて、私

PROFILE

**近藤 唯**（こんどう ゆい）

声優。神奈川県出身。6月28日生まれ。ケンユウオフィス所属。主な出演作品は『ライザのアトリエ～常闇の女王と秘密の隠れ家～』（タオ・モンガルテン役）、『Apex Legends』（ワットソン役）、『アイドルマスター ミリオンライブ！』（篠宮可憐役）、『ウマ娘 プリティーダービー』（ビワハヤヒデ役）など。

も笑ったんですけど、（佐伯）伊織ちゃんの笑いが止まらなくなっちゃった回があって……。

――第6話ですね。

**近藤**　あそこの収録は、記憶にすごく残っています。あの回に限らず、毎回、笑いが絶えない、和気あいあいとした現場でした。収録の待ち時間も、ずっとおしゃべりをしていたくらい、みんな本当に仲が良くて、とても過ごしやすかったです。私は機械やネットがすごく苦手で、すぐ怯えちゃうんですけど、みんなで『雀魂』を入れようとなったときに見守ってもらいながら「こう？　これでいいんだよね？」ってやったのを覚えています（笑）。みんな、このネット音痴に「大丈夫です、唯さん大丈夫です」ってサポートしてくれて、とてもいい子たちでした。

## 劇中の延長のような現場だった

――『雀魂』を始めたということですが、麻雀は知っていたのですか？

**近藤**　いえ、この作品で初めて触れることになりました。まだまだ初心者で、リーチェみたいにはなかなかなれないです。

――リーチェは上手いですからね。

**近藤**　そうなんですよね。リーチェはすごく強い子なのに（声優陣では）私が最弱な気がして（笑）。

――遊んでみた印象はいかがですか？

**近藤**　麻雀をやる方は頭がいいなって、尊敬を覚えました。捨てられた牌で他の人の待ちを読むとか「どうやってやるんだ？」と思ってしまいます。あと、上手い方は、状況に応じて狙う役を変えたりしていると思うんですけど、私は「この役を揃えたい」と思ったらまっすぐ進んでしまうところがあって、途中で変えるみたいな臨機応変さがないんですよね。なかなか難しいなと思っています。でも、自分が狙っていた役ができて「あー、上がれた！」ってなったときは、とてもうれしくなりますね。リーチェも、子供の頃に初めて上がれたときに本当に気持ちよかったと言っていましたけど、やってみて、その気持ちがすごくわかりました。

――好きな役はありますか？

**近藤**　私、すぐ七対子《チートイツ》を揃えようとしちゃうんです。名前の響きも好きですし。そういえば、この間『雀魂』をやっていて、国士無双ができそうだったんですよ。最初に配られた段階で、東南西北白發中と揃っていて「もう、これは国士無双を狙うしかないでしょ！」って思っていたら、実際にリーチするところまで行ったんです。もうドキドキしちゃって。私、世界に飛び立つのが怖すぎて、ずっとCPU相手にやっているんですけど、そのときはたまたま段位戦で、他のプレイヤーさんが相手だったんです。だから余計にワクワクしていたんですけど、他の人に「リーチ一発」で上がられて「あれ？」って。「私の名前なのに」というのもあって、悲しかったです（笑）。やっぱり甘くはなかった。でも、楽しかったですね。

――劇中では麻雀以外のレクリエーションもいろいろやっていますが、印象に残ったものや、やってみたいものはありますか？

**近藤**　バーベキューはみんなでやりたいですね。それから、ビーチバレー。私は球技が本当に苦手で、体育の授業のバレーボールで狙われていたので、ビーチバレーはちょっと違うかなという可能性に期待を込めてやってみたいです（笑）。あとは……高校生のときにバイトをしていて、部活などはしていなかったので、放課後みんなで集まって何かをする、みたいなことに憧れるんです。そういうことができるのは学生の特権だと思うんですけど、現場がすごくいい雰囲気、なしこちゃんたちの放課後の延長のような雰囲気だったこともあって、リーチェたちを通して、自分が経験させてもらっているような気持ちになることができました。リアル『ぽんのみち』を感じられた、すごく楽しい収録でした。

CAST INTERVIEW 5

YAMAMURA HIBIKU
as EMI HANERU

# ［江見 跳役］山村 響インタビュー

## クールから可愛いに演技を調整

―跳の第一印象はいかがでしたか？

**山村**　オーディションを受けるにあたって全キャラの資料をいただいたのですが、可愛いな、顔がいいなっていうのが全員の第一印象でした。その中で跳には「すごく繊細そうで何かひとつ強いものを持っていそうだな」と感じました。

―オーディションでは役にすんなり入れましたか？

**山村**　「めちゃくちゃ明るくて可愛いです」というよりは「クールでかっこいい、だけど可愛い」みたいなイメージで、私、そういうキャラをよく演じさせていただいていたので、今までの経験を活かせそうという感覚はありました。ただ、いかんせんキャラクターデザインが可愛すぎるから……私は、自分の声を可愛いと感じたことがないので「自分の声には合わないかも」と思ったりもしました。

―では、普段とは声を変えたのですか？

**山村**　極端に作り込むということはなくて、キャラクターの絵を見て「こういう感じがいいんだろうな」というのを意識しながら声を出してみた感じです。オーディションのときは、本番よりも大人に作っていたかもしれないですね。資料のイラストがまだラフな状態だったこともあって、アニメのデザインよりも大人っぽく見えたので、クールが強めな声に作っていました。「私が跳を表現するとしたら、これが最高のかたちです」というものを提示させていただいたんですけど、自信はなかったですね。だから、決まったときはびっくりしましたし、すごくうれしかったです。

―役が決まってから、大人っぽさ、クールさを抑える方向で調整したのですね。

**山村**　そうですね。アニメの設定を拝見したら、オーディションのときよりも可愛い印象を受けたので、自分の中で調整して、現場で聞いてもらって「この感じでいきましょう」となったのが、今の跳の声です。

―その後、演じていく中で印象がさらに変化した部分はありますか？

**山村**　パッと見たときは、とっつきにくいというか、怖いところもある子なのかなと思ったんですけど、アフレコを通して跳との距離が近づくにつれて、そういうイメージは払拭されて、とっても優しくて思いやりがあるいい子なんだなと思うようになりました。

―イメージの変化が、劇中のなしこたちと同じですね。

**山村**　そうなんですよ。ギャップ萌えってやつですね（笑）。どんどん愛おしくなりました。

―跳のいちばんの魅力はどういった部分だと思いますか？

**山村**　やっぱり、今も言ったギャップですかね。見た目がクールな感じで、本人もすごくクールに振る舞っているんですけど、麻雀のことになると目を輝かせて喜んだり、みんながわちゃわちゃしているところで「楽しいな、フフフ」みたいに微笑んでいたり、パッと見

のイメージとは違う部分をポロッと出してくれるところが、すごく素敵だなと思います。そういうギャップが見えるたびに、私は崩れ落ちています（笑）。

——なんだかんだ言いつつ付き合いがいい、という印象を受けます。

**山村**　そうなんですよ。猫みたいだと思っているんですよね。あまり興味がなさそうにしているけど、付かず離れずの距離でずっと同じ空間にいてくれる、みたいな……そういうスタンスがすごくいいなって思います。

## 前田佳織里さんとなしこがシンクロしていた

——なしこに対しては、どのような印象ですか？

**山村**　この5人のリーダー的存在ですよね。なしこの「いけいけドンドン」的な、いい意味で無鉄砲なところにみんなが引っ張られたからこそ、いろいろな出会いがあったり、仲が深まったりしていったわけで、太陽のような存在だと思います。アフレコ現場でも、カオリン（前田佳織里さん）がめっちゃそんな感じだったんです。いつもみんなの会話の中心にいて、気遣いをしてくれて「なしことシンクロしているな」と思っていました。

——ぱいはどうでしょう？

**山村**　自分のキャラ以外では、一二を争うくらい見た目が好きなんです。声も、もちろんみんな合っているんですけど、このビジュアルにすごく合っているなと思います。あと、ぱいも結構ギャップ萌えなキャラだと思うんですよね。おしとやかなお嬢様っぽく見えるのに、アウトドアが上手だったりとか。結構なんでもできるので、アフレコ現場では「ぱいはいいお嫁さんになるね」ってみんなで言っていました。すべてを包み込む、みんなのお母さん的な存在だと思います。

——次は、泉についてお願いします。

**山村**　泉も声が好きです。私、みんなの声が本当に好きなんですよ（笑）。（若山）詩音ちゃんの芝居がすごくいいですね。ナチュラルな中にもはっちゃける部分があって。泉はオマージュ的なシーンが結構振られていて、普段と、そういう場面をやるときとのギャップがめちゃくちゃ面白いんです。芝居の幅が広くて、すごいなと思います。キャラクター的には、ぱいがお母さんだとしたら、泉はお姉ちゃんというイメージです。なしこがガンガン行くのを見守っていて、いろいろサポートしてくれる、みたいなキャラだと思います。

——リーチェはいかがですか？

**山村**　お嬢様だからこその、世間とか庶民の生活を知らない感じが少女的で大好きです。見た目は、いちばんお姉さんに見えるじゃないですか。だけど子供のようにいろいろなことに興味津々で、ひとつひとつを大事に楽しんでいる、その姿がとっても好きですね。

——チョンボにもひと言お願いします。

**山村**　めっちゃ可愛いですね！　お声が（大塚）明夫さんで、あの可愛い姿から良すぎる声が出てくるのがインパクトがあるなと思います（笑）。でも、あのお声が、なんというか「神感《かみかん》」があって似合っているんですよね。あとは、なしこたちに結構いたずらされるじゃないですか。私もチョンボが出てくるたびに「可愛いな」と思いつつ「いたずらしたいな」と思っていました（笑）。

## 麻雀の場面はスイッチを切り替える

——跳の印象に残っているセリフやシーンを教えてください。

**山村**　麻雀をやっているときや、リーチェと麻雀をしたいと言っているときの、熱い感じが印象的です。こと麻雀になると、普段のクールな感じからガッと切り替わって、熱い表情を見せますよね。アフレコでも「麻雀がとても好きな子だから、もっと熱くキリッと言ってみて」と音響監督の高橋（剛）さんから指示をいただいたこともあって、そういうシーンでは、自分の中でスイッチを切り替えて演じました。

——意識的に演技を変えていたのですね。

**山村**　ガラッと変えて、格好良くキリッとした感じに、かつ麻雀が好きだっていう感情が乗るようにしていました。だから、麻雀関連のシーンは印象に残っています。それから、クールで格好良いキャラだけに、ちょっとダメな跳を演じるときがめっちゃ楽しかった

PROFILE

**山村 響（やまむら ひびく）**

声優、歌手。福岡県出身。2月10日生まれ。東京俳優生活協同組合所属。主な出演作品は『Go! プリンセスプリキュア』（天ノ川きらら／キュアトゥインクル役）、『かみさまみならい ヒミツのここたま』（蝶野ひかり役）、『戦翼のシグルドリーヴァ』（クラウディア・ブラフォード役）、『ピーター・グリルと賢者の時間』（リサ・アルパカス役）など。

です（笑）。尾道観光をしているときに、体力がなくて人一倍ハーハー言っているところとか、ビーチバレーが全然ダメで「ふげー！」となっているシーンとかですね。どうやってより可愛く見せようかと考えて演じていました。

―両極というか、すごく格好良いシーンと、逆に隙が見えるシーンがいいということでしょうか。

**山村**　そうですね。跳は、パッと見はザ・クールという感じなので、感情の触れ幅があまりないような印象を受けるかもしれませんけど、結構表情豊かなんです。

## 本当に雰囲気のいい現場だった

―尾道関連で、印象に残っている場所やシーンはありますか？

**山村**　第6話で尾道観光をするシーンは、尾道のいいところがギュッと詰まっていて、すごくいいなと思いました。それから第8話の灯りまつりですね。完成した映像をまだ見られていないんですけど、絶対綺麗だろうなと思っています。ああいう素敵なお祭りをやっているんだと思うと、実際に行きたくなりますね。

―アフレコで、印象に残っているエピソードや出来事はありますか？

**山村**　まず、とても雰囲気がよくて、空き時間にキャスト同士でよくおしゃべりする現場だったというのが印象深いです。跳だけ登場が少し遅いので、最初はちょっとドキドキしながら入っていったんですけど、他のみんながめちゃくちゃいい子だったので、すぐになじめて、リラックスしながら演じさせていただきました。若山詩音ちゃんが、前の現場から来るときに見つけたからって、麻雀をモチーフにした雑貨をみんなに買ってきてくれたのをよく覚えています。「よかったら皆さんどうぞ」みたいに言ってくれて……。私は麻雀牌の形をした鏡をいただきました。他にも、尾道に行っていた組（編注：前田佳織里さんと佐伯伊織さん）がお土産をみんなに買ってきてくれて、それがすごく美味しかったりとか、もう本当に和気あいあいとした現場でした。

―山村さんは麻雀はやりますか？

**山村**　全然なじみがなかったんですけど、この作品に出ることになったのを契機に、麻雀牌と折りたためる麻雀のテーブルを買いました。でも、ルールはまだ全然覚えていなくて、これから少しずつ勉強、みたいな感じです。

―アプリでやるとかではなくて、牌と卓を買ってしまうのは本格的だと思います。

**山村**　本格的というより、形から入っちゃうタイプなんです（笑）。あと、アプリだと自動的にいろいろやってくれるので、理解できていなくてもある程度は進んでいけるじゃないですか。でも、それだとルールをちゃんと学ばないままになってしまう気がしたんです。それから麻雀に限らず、ボードゲームの道具なんかを触るのが好きというのもあります。実際に物に触れるのが好きなので、麻雀牌の感触も感じたくて。あと、麻雀の話と言えるかは微妙なんですけど、とても心に残っているエピソードがひとつありまして……。

―ぜひ聞かせてください。

**山村**　オーディションに受かったとき、結果を知らない状態で事務所に行ったら、デスクさんが「響ちゃん、これ！」って画用紙を渡されて「え？」って見たら麻雀牌が書かれていて「江見跳役にツモです」と書いてあったんです。

―それは洒落ていますね。

**山村**　めっちゃうれしい発表の仕方をしてくださって、それがすごく印象に残っています。

Pon no Michi OFFICIAL HEROINE BOOK

CONTENTS




**ぽんのみち公式ヒロインブック**

2024年6月1日 初版発行

取材・執筆
本澤 徹

装丁・本文デザイン
宮下裕一［imagecabinet］

デザイン協力
眞々田 稔［ホンマチ組版］

編集
串田 誠

協力
株式会社セガ
株式会社アクアスター
アミューズ
スワロウ
劇団ひまわり
ケンユウオフィス
東京俳優生活協同組合

Special Thanks
春場ねぎ
南川達馬
大田謙治
（順不同、敬称略）

発行人
野内雅宏

編集人
串田 誠

発行所
株式会社一迅社
〒160-0022
東京都新宿区新宿3-1-13
京王新宿追分ビル5F
03-5312-7439（編集部）
03-5312-6150（販売部）
発売元：株式会社講談社（講談社・一迅社）

Printed in Japan
ISBN978-4-7580-1900-2

印刷・製本
大日本印刷株式会社